JN127015

赤ちゃんはどこからくるの？

親子で学ぶ
はじめての
性教育

性教育アドバイザー
のじま なみ

絵
林ユミ

幻冬舎

もくじ

おうちの方へ　6

のじま流　性教育5か条　10

はじめに　12

プロローグ　15

体のしくみ

どうして毛って生えてくるの？　22

男の子と女の子っていつきまるの？　24

女の子の性器はなんてよべばいいの？　26

おちんちんの大きさはどれくらいがふつうなの？　28

おちんちんが大きくなってたつのは、どうして？　30

声がわりって、なあに？　32

のじま流　おうちの方へのアドバイス❶　34

のじま流　おうちの方へのアドバイス❷　36

第2章

女の子の話

第3章

生理って何才からはじまるの？ 40
どうして生理中ってイライラするの？ 42
生理って、いたいの？ 44
生理中はどれくらい血が出るの？ 46
のじま流 おうちの方へのアドバイス③ 48
のじま流 おうちの方へのアドバイス④ 49
のじま流 おうちの方へのアドバイス⑤ 50

男の子の話

射精って、なあに？ 54
夢精って、なあに？ 56
おしっこと精液はまざらないの？ 58
精子の数って、どれくらい？ 60
おちんちんをさわると気もちいいって、へん？ 62
あそび① 人体まちがいさがし 64
のじま流 おうちの方へのアドバイス⑥ 66

第4章 いのちの話

どうして男の子は妊娠しないの？ 70
赤ちゃんはどうやってできるの？ 72
ふたごってどうやって生まれるの？ 74
おなかの中の赤ちゃんは何をしているの？ 76
どうして赤ちゃんは10か月もおなかにいるの？ 78
赤ちゃんはどこから生まれるの？ 80
何才になったら妊娠してもいいの？ 82
のじま流 おうちの方へのアドバイス7 84

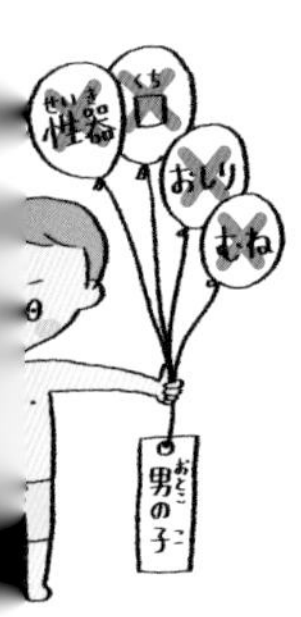

第5章 自分をまもる

友だちにパンツの中を見せてと言われたら？ 88
もし知らない大人から声をかけられたら？ 90
無料のスマホアプリはやってもいいの？ 92

体のなやみをインターネットで聞いてもいいの？ 94
あそび② 親子クイズ 96
のじま流 おうちの方へのアドバイス⑧ 97
のじま流 おうちの方へのアドバイス⑨ 98

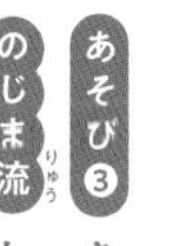

第6章

こころの話

思いやりって、なあに？ 102
人をすきになるってどういうこと？ 104
「男の子」「女の子」と言われてへんな気分になったら？ 106
あそび③ きみの精子をさがせ！ 108
のじま流 おうちの方へのアドバイス⑩ 109
おわりに 110

おうちの方へ

「赤ちゃんはどこから生まれるの？」

「なんで私にはおちんちんがないの？」

「赤ちゃんはどうやってできるの？」

「リンゴはなんで赤いの？」

「雲はどうしてお空にうかんでいるの？」


子どもたちって、疑問に思ったことをすぐ口に出して聞いてきませんか？その中には、すぐに答えられるものもあれば、「えっ、もうそんな質問をしてくるの!?　ごにょごにょごにょ……」と、ドキッとしてしまうものもありますよね。私も3人の子育てをしてきた母親ですので、同じようにドギマギするような場面に何度も出くわしてきた一人です。

本来「性」は身近なもの。自分の体のこと、命のこと、日常にある「性」を知りたいと思う気持ちは、リンゴや雲の「?」と同じように、子どもたちにとってはなんてことのない疑問なんですよ。

そこをちょっと大ごとにしたり、ごまかしたり、逃げてしまうのは、すべて大人側の都合です。私たちは、「性」について子どもにわかりやすく伝える方法を習ってきてはいません。ですが、子どもたちはそんな大人の事情なんておかまいなしです（笑）。

保育園や幼稚園、小学校に上がるたびに少しずつ成長していく子どもたち。トイレが一人でできるようになり、お風呂で一人で体を洗えるようになり、はたまた集団生活で異性のお友達と遊ぶなかで、自分と相手の体の「ちがい」に気づいていきます。

素直に知りたいという気持ちに答えてあげることで、子どもたちは自分のことを知るチャンスと、自分のことを好きになるチャンス、そして他人をいたわるチャンスを得ることができるのです。

小さなころから「性」の正しい知識を伝えてあげてください。それは、子どもたちが自分自身を守るための「知識の種まき」と、愛されていることを知るための「愛情の種まき」にほかなりません。

日本はこんなに豊かなのに、自分のことを「好き」と言える子が世界各国と比べて圧倒的に少ない国です。これって、すごく悲しい現状ですよね。私たち親が望む子どもたちの姿ではないはずです。

性教育を通して、「あなたは何億もの奇跡が重なって生まれてきたんだよ」「お父さん、お母さんはあなたのことをずっと待っていたんだよ」、そんなふうに家族から愛されていることを子どたちに伝えてあげてください。

これが「愛情貯金」となります。くじけそうなとき、悲しい気持ちになったとき、もう一度踏ん張りたいとき、誰かに恋をしたとき……この愛情貯金が子どもたちの大きなエネルギーとなっていくのです。

愛情貯金はそのまま自己肯定感へとつながります。自己肯定感の土台は、「誰かに自分は愛されている」というゆるぎない自己信頼にほかなりません。それこそ性教育が一番得意なところです。

本書は、お子さんと笑いながら「性」の話ができるようにと願いを込めて書き上げました。子どもたちが自分の人生を自分で歩いていくときに、この知識が豊かな人生の一助になればこんなに嬉しいことはありません。

大丈夫、子どもたちは大人よりも素直です。
大丈夫、子どもたちは、この本を読んでくれるあなたのことが大好きです。
大丈夫、幸せな気持ちで読んであげてください。

子どもたちの「素直な反応」をぜひ楽しんでくださいね。読み終わるころには、きっとあなたの心にも温かい幸せな気持ちが芽生えているはずです。

のじま流 性教育5か条

まず最初に教えてほしい「水着ゾーン」の話

性教育では、「体にはプライベートな大切な場所がある」ことを子どもたちに理解してもらうことが何よりも重要です。そこで、わかりやすく「水着ゾーン」という言葉を使ってみてください。水着ゾーンとは、「口」と「水着を着て隠れる場所――胸、おしり、性器」のことで、他の人に見せても触らせてもいけない、自分だけの大事な場所です（↓88ページ）。小さなころから「水着ゾーン」を学ばせることで、性犯罪から子どもを守るだけでなく、性犯罪のうっかり加害者になることも防いでくれます。

お風呂で「パンツを洗う」ことから始めよう！

親というのは、「性」の話をするタイミングをつくることがなかなかできません。そこで、2～3歳のパンツをおもらしなどで汚してしまう時期から、一緒にお風呂に入りながら、パンツを自分で洗うことを習慣にさせてみてください。お風呂は落ち着いて親子の対話ができる場所です。お母さん自身が生理のときに、パンツを洗う姿を見せるのもいいでしょう。生理のこと、命の成り立ちの話をするチャンスです。お風呂の中で、自然と性教育が始められますよ。

子どもの
ドキッとする疑問には
「いい質問だね！」

性に関する質問をしたとき、大人が戸惑った表情を見せたり、「そんなこと知らなくてもいい」と怒ったりすると、子どもは「親にとって嫌なことなんだ」「聞いてはいけないことなんだ」と思ってしまいます。すぐに答えられないようなことでも、一度深呼吸をして「いい質問だね！」と返してあげてください。お母さんのドキッとした表情を隠せる魔法の言葉です。

明るく、楽しく、正しく伝えよう！

「性の話をするなんて恥ずかしい」と思うのは大人だけ。子どもにとって卑猥なイメージは一切なく、「命の誕生の奇跡」「親の愛情」「身を守ること」を知るとても大事な機会です。まずは「恥ずかしい」という観念を捨てましょう。性教育は、性器の名前を正確に伝えることも大切です。「あそこ」などと言ってごまかさず、「ペニス」「膣」と教えてください。

性教育は3歳から
10歳までに行うべし！

世界から見ると、日本は驚くほど「性教育後進国」で、学校でも肝心なことは教えてくれません。けれどもいまの時代、字が読めなくても書けなくても、インターネットで簡単に画像や動画を検索することができます。正しい知識を伝えるために、性の話も親の愛情も素直に受け入れる「3歳から10歳まで」に性教育を行ってください。大事なのは、親から距離を置き始める10歳までに始めること。思春期になってからでは手遅れです。

大人と子どものちがいは何？
もしこんなふうに聞かれたら、きみはなんて答えるかな？
「ひげが生えること」「むねが大きくなること」「結婚していること」……いろんな答えがあるね。

これから少しずつ大きくなっていくきみたち。
学校でたくさんのお友だちと同じ時間をすごしているうちに、「どうして女の子のおっぱいだけ大きくなるの？」とか、「おちんちんの大きさはどれくらいがふつうなの？　はずかしくてだれにも聞けない……」とか、「すきな人ができたけど、どうしよう？」なんて、体や心にかんする「性」のなやみって、かならず出てくるものなんだ。

だけど、それをわかりやすく教えてもらえる子って、きっと少ないんじゃないかな。
じつは、体や心の「性」になやんでいるのは、きみたちだけじゃないんだよ。大人になっても、きみと同じようにこっそりなやんでいる人も多いんだ。

「性」にかんして知らないことが多いと、お友だちとくらべて「自分にはみりょくがない」なんて思ってしまいがち。だけど、知っておいてね。

みんなの顔が一人一人ちがうように、体や心も一人一人、成長がちがうっていうこと。

百人いれば、百人それぞれの個性があって、百通りのみりょくにあふれているんだよ。きみはこの世に2人といないかけがえのない存在なんだってことを、わすれないでほしいんだ。

しょうらい、どんなにすきな人ができても、自分のことをよく知らないと、自信をもって相手にすきって言えないし、相手のことをよく知らないと、やさしくすることもできないよね。

この本では、これからの人生をきみがきみらしく生きていくために、小さなころから知っておいてほしい「性」のあれこれをわかりやすく書きました。大人でも意外と知らない「性」についてのギモンを、ひとつずつひもといていこう！

おふろでパンツをあらおう！ ―いっくん編―

大きくなったらね
男の人のおちんちんでは
いのちのたねがつくられるの
女の人のおなかには
子宮っていうのがあって
いのちのたまごがあるの
へえ〜
いのちのたまごに
いのちのたねを
ちゃんととどけるのが
おちんちんの役目なの
とどける？
プレゼント
みたい♫
いのちのたねとたまごが
合体して赤ちゃんのもとが
できるの
子宮の中で大きくなって
赤ちゃんが生まれるんだよ
ちんちんって
すごいな
そうやってぼくも
生まれたの？
いい質問
だね！
そうだよ！

おふろでパンツをあらおう！ ―みーちゃん編―

赤ちゃんがね
お乳をすいやすいように
おっぱいが出てるんだよ
ゴクゴク
みーちゃんもおっぱい出っぱってくるの？
みーちゃん
それもいい質問！
そうだよ〜
みーちゃんも大人になるじゅんびがスタートしたら
おっぱい出っぱってくるよ
へんしんみたい
うーん
ふしぎ
おっぱいってすごいわ
だいじ
ママありがとう
ママのおっぱいさんありがとう
ペコリ
あら！
みーちゃん、ありがとう

第1章

体のしくみ

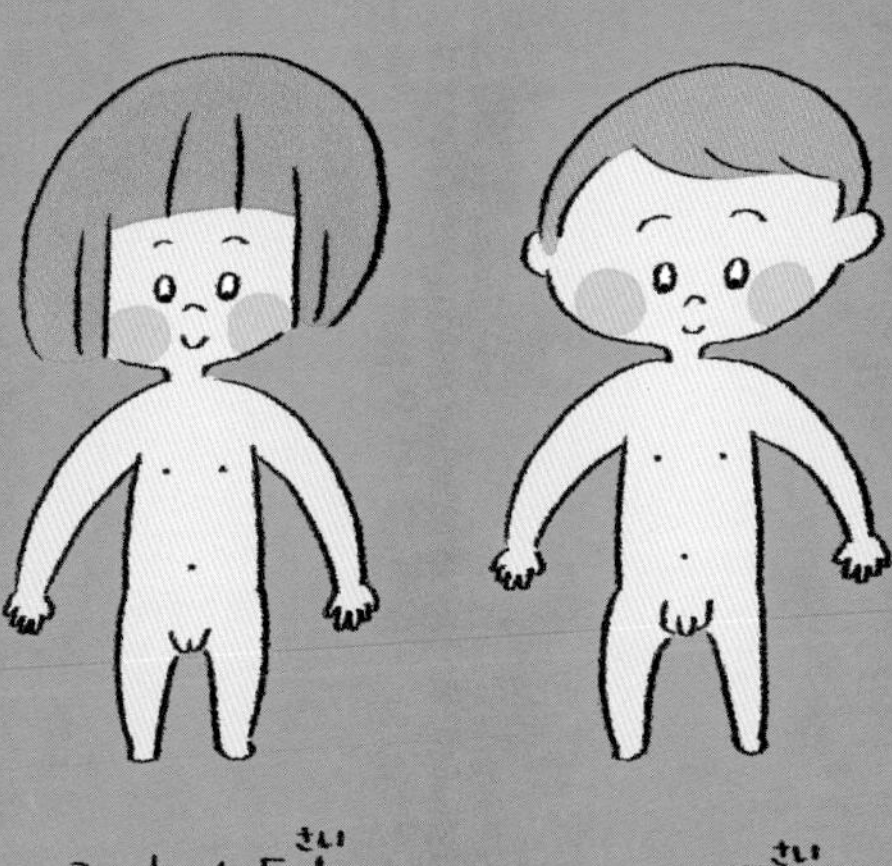

毛が生えてきた!!??

あ〜〜…
なんかやだな〜
ちょっとまって
はぁ〜〜
なんかはずいよ
はじめまして わたしは
「毛」のようせい
モジャリンです
「毛」が生えてくるのも
体がすこしずつ
「大人」に
なっている
しょうこのひとつ！
それに「毛」には
大切な役わりが
あるんだよ
次のページから
いっしょに
べんきょう
しよう！
はーい！

体のしくみ

どうして毛って生えてくるの？

きみをまもるために顔や体に毛が生えるよ

きみの体の大事なところはどこかな？　人の体はとってもうまくできていて、大切なところをまもるために、毛が生えるんだよ。たとえば、かみの毛は、体にいろいろな指令を出す脳をまもるた

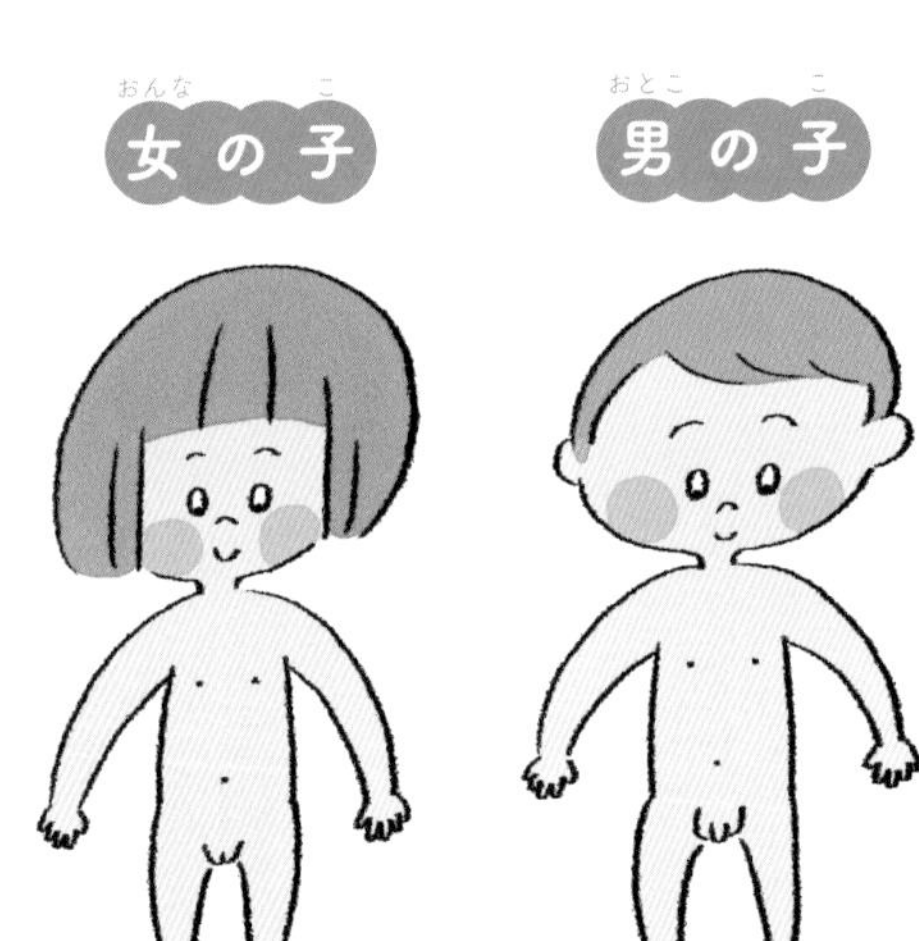

大人になるにつれて、
体も少しずつ変化していくよ。

めのもの。まゆげとまつげは、目にあせやほこりが入るのをふせぐためのもの。

では、思春期になって性器に毛が生えてくるのはどうしてかな？ それは、いのちを生み出す大切な場所だから。

女の人は「卵子」、男の人は「精子」っていう、いのちの元をはぐくんでいるんだよ。

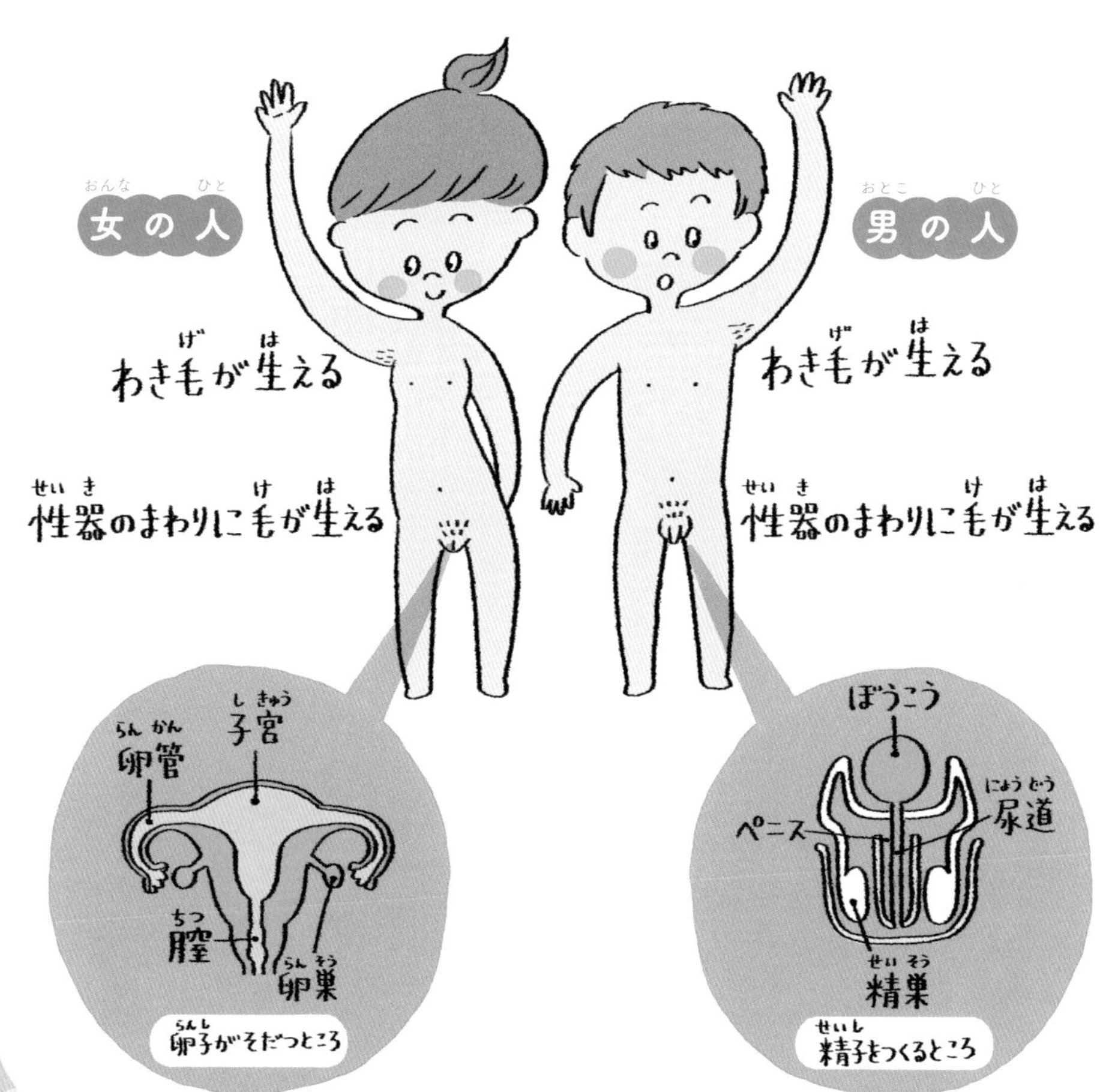

男の子と女の子っていつきまるの？

生まれる前からきまっているよ

赤ちゃんの性別は、いのちの元である「卵子」と「精子」が出会ったしゅんかんに、もうすでに男の子か女の子かきまっているんだよ。

でも、ふしぎなことに、男の子も女の子もさいしょは同じ「受精卵」っていう形からスタートするんだ。それが、お母さんのおなかの中で成長するだんかいで、男の子と女の子の体にどんどん分かれていくよ。

男の子は、妊娠3か月くらいからおちんちん（ペニス）が長くのびてきて、女の子は陰核という形でみんなにのこっているんだ。ペニスと陰核は元は同じもの！ 人の体はふしぎでいっぱいだね。

性器の成長

性器の元は、
さいしょは男女ともに
同じ形をしているよ。

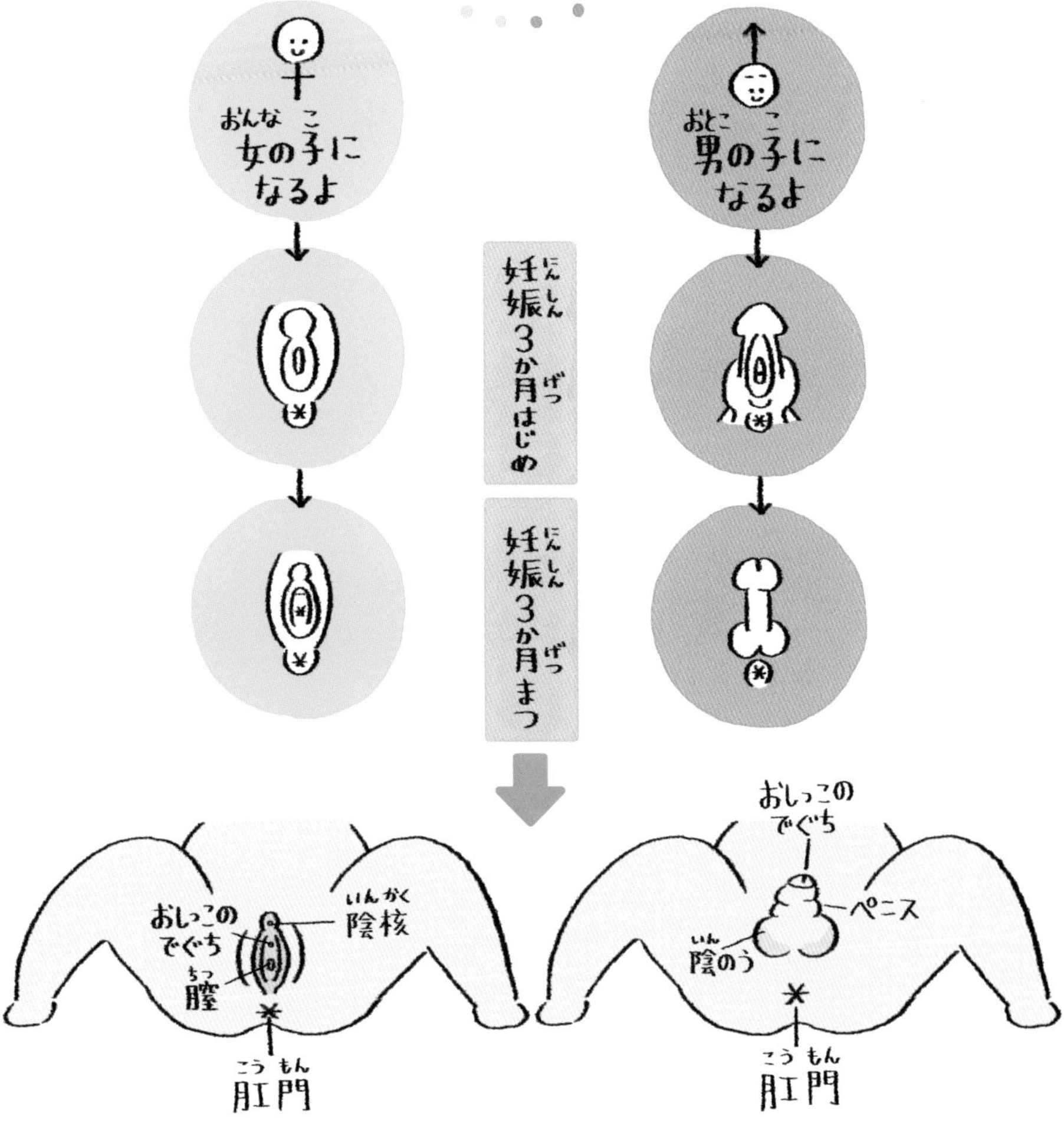

女の子になるよ

男の子になるよ

妊娠3か月はじめ

妊娠3か月まつ

おしっこのでぐち
陰核
膣
肛門

おしっこのでぐち
ペニス
陰のう
肛門

女の子の性器はなんてよべばいいの？

かぞくでよび名をきめよう

男の子のペニスには「おちんちん」っていうあだ名があるよね？　でも、女の子の性器には言いやすい名前がないんだ。だから、おうちの人といっしょに、すきな名前や、よびやすいあだ名をつけてみたらどうだろう？　あなたなら、どんなあだ名をつけるかな？

あだ名をかんがえてみよう

おうちの人といっしょにかんがえて、
いくつか書き出してみよう!

おちんちんの大きさはどれくらいがふつうなの？

大きさは一人一人ちがっているよ

みんなの顔が、一人一人ちがうように、おちんちんも一人一人ちがうんだ。大きかったり、小さかったり、長かったり、短かったり。曲がっているおちんちんもあるし、色だってさまざま。つまり、「ふつうのおちんちん」っていうものはひとつもなくて、一人一人個性があるんだよ。だから、おちんちんの大きさや形をお友だちとくらべて、なやまなくてもいいんだ。大人になって、おちんちんが大きくなった（勃起した）ときに5センチあれば、赤ちゃんをつくることができるよ。

ぼくって ふつう？
サイズ

顔がみんなちがうように
おちんちんも人それぞれなんだよ
男の子のペニスは十人十色！

おちんちんが大きくなってたつのは、どうして？

大人になるためのれんしゅうをしているんだよ

男の人は赤ちゃんをつくるときに、女の人の膣にペニスを入れて、「精子」を「卵子」の近くにとどけるんだ。だけど、ペニスがやわらかくて、ふにゃふにゃしている

と膣に入りにくいよね。だから、子どものときから、大きくかたくなって、たつ（勃起する）れんしゅうをして、赤ちゃんをつくるじゅんびをしているんだよ。

おちんちんは、さわっていると血液があつまってたつものだけど、ほかにも、ねむいときや、おしっこがたまっているとき、おちんちんがパンツにこすれたときにも、たつことがあるんだ。それは自然なことで、ちっともおかしくはないよ。

大人になるための
じゅんびだからだいじょうぶ!
赤ちゃんのときにも
たつことがあるよ。

声がわりって、なあに？

ステキな声になることだよ

男の子は、声が高くなったり低くなったりしながら、今までとはちがう声にかわっていくよ。それを「声がわり」っていうんだ。

動物のせかいでも、パートナーにえらんでほしくてキレイな声で鳴くのは、ほとんどがオスなんだよ。

人はだいたい中学生になるころ、12〜14才に、声がわりをすることが多いんだ。声がわりがはじまると、男の子はびっくりするかもしれないけれど、どんな声になるのか楽しみにしていてね！

ちなみに、女の子も声がわりをするけれど、ほとんどかわらないので、気づかない子も多いよ。

パートナーになってほしい人に、「ステキ!」と思われるように、男の人は声がわりをするんだね。

のじま流

おうちの方へのアドバイス ❶

むく？　むかない？
男の子のペニスは十人十色！

男の子のお母さんの悩みといえば、おちんちんの皮をむくべきかどうか？　ということではないでしょうか。実は、**日本泌尿器科学会でもまだ答えが出ていません。**

ですが、思春期になると、男の子の多くがひそかに悩んだり、コンプレックスを抱えたりするのが、この包茎問題です。

包茎とは、ペニスの亀頭部が包皮（皮）に覆われている状態。まず知っておいてほしいのは、生まれたばかりの赤ちゃんは、みんな包茎だということです。

包茎は大きく分けて「真性包茎」と「仮性包茎」の2種類があります。

「真性包茎」とは、包皮をどんなにずらしてみても、亀頭部がまったく見えない状態を指します。

一方、ふだんは亀頭部が包皮に覆われていても、包皮を手でお腹のほうに引き上げると少しでも亀頭部が出る、あるいは、いまは出ていなくても、お風呂などで包皮をむいていると少しずつ出てくる状態を「仮性包茎」と呼びます。

テレビコマーシャルなどで、包茎の手術を勧めるようなものが見られることから、「自分は包茎かも、手術しなきゃ！」と思う男性もいますが、実際は、「仮性包茎」は手術の必要はありません。**日本の成人男性の7割近くが「仮性包茎」といわれているので、何ら問題のないことなのです。**

正直に言いますと、包茎の種類がわかる女性は、９割９分いません！　ですが、世の男性はみんな女性が気にしていると勘違いして、必要のない手術をしていたりするのです。

男の子にとって、ペニスは自分のアイデンティティの根幹です。「包茎かも」「ペニスが小さいかも」といった悩みを抱えると、自分に自信がもてなくなったり、好きな相手に想いを伝えられなくなったりすることも……。

なので、「女の子はおちんちんであなたを選ばない」「日本人のほとんどが仮性包茎」といった**正しい知識を、子どもが10歳になるまでに伝えてあげてください。**そうすることで、**思春期にペニスのことで悩んだり、ネットの間違った情報に踊らされたりするリスクがグッと減っていきますよ。**

さて、包茎は決して病気ではありませんが、小さなころから包皮がむけていたほうが清潔なことは確かです。思春期以前の包茎は、お風呂で体を洗うついでに、おちんちんの皮をお腹のほうに引き上げて、少しずつ亀頭を出すトレーニングを続けていけば、必ず亀頭部が見える状態になります。

ただし、**とてもデリケートなところなので、無理は禁物です。**お子さん自身が自分でできるように促していきましょう。

たとえば、一緒にお風呂のお湯につかっているときに、「10数えるついでに、包皮をお腹のほうまで引き上げて～」と促すような方法もおすすめです。

のじま流

おうちの方へのアドバイス ②

女の子の性器にも親しみやすい名前をつけて

男女の体には違いがあり、子どもには、その違いを正しく教える必要があります。

ですので、**女性器を「おちんちん」と呼んだり、「女の子には小さいおちんちんがあるよ」と言ったりするのは基本的にNG！** 子どもを戸惑わせる言い方をしないことが、性教育の大前提です。

女性器には、「おちんちん」のようなあだ名がないので、お風呂で「〇〇〇をきちんと洗ってね」などと言えるよう、お子さんと一緒に、ぜひあだ名を考えてみましょう。

ちなみに、女性の外性器は「まんこ」と呼ばれますが、これは諸説あるものの、「万人の子を生みますように」という意味があるといわれています。昔は、出産中に亡くなる女性が多く、子どもが3歳まで生きる確率がとても少なかったのです。そのため、「子どもが大きく成長してくれますように」「何人も子どもが生まれますように」という願いを込めて、女性器を「まんこ」と呼ぶようになりました。

とはいえ、お子さんが人前で「まんこ！」と口にするのは困りますよね（笑）。また、世の中には性に関する話を聞きたくないという人もいます。子どもには小さいころから、**「家の外では、性に関する言葉は言わないようにしようね」**と、しっかり伝えましょう。

第2章

女の子の話

ゆうちゃん12才

ついに生理（せいり）がきちゃった!!

あ〜あ〜
な〜んか
「ゆ・う・う・つ」
おなかも
はってるみたいな
しくしく
するし・・・

トイレ行こ

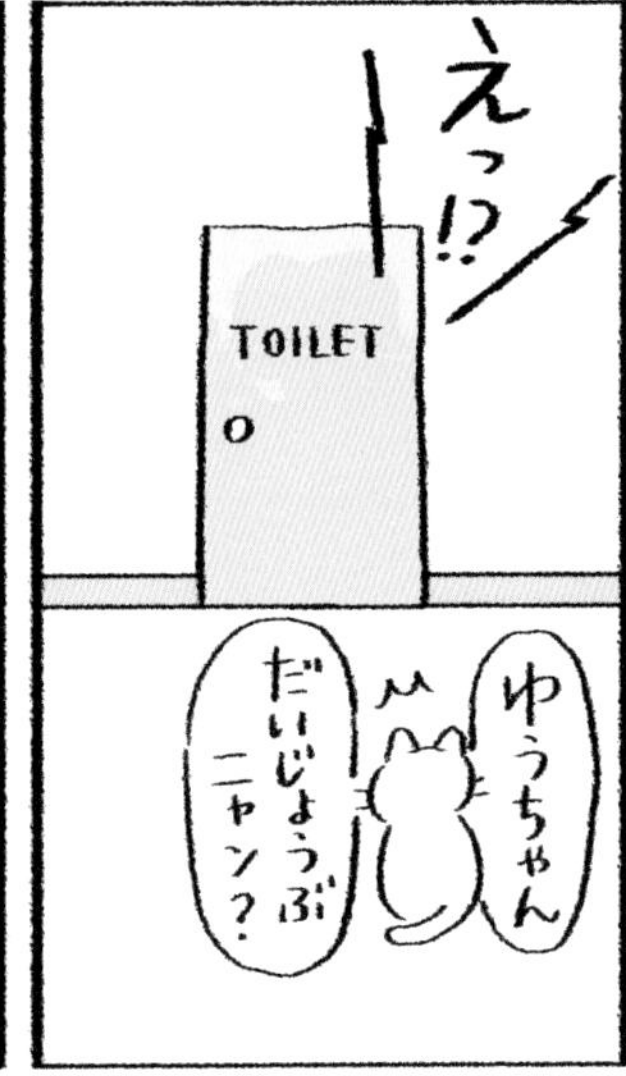

ち、血！ 血が！
血っ！
パンツに血がついてる！
なんで？？ なんで？？
なんで？？？？

どっかケガしたのかな？
…もしかしてゆうちゃん病気？？？

グスン…
だいじょうぶだよ♡

あんしんしてゆうちゃん
「ケガ」でも「病気」でもないよ
それはね『生理』だよ
はじめまして
子宮ちゃんです♡

ね？ ママ！
次のページからいっしょにべんきょうしよう！
だいじょうぶだよ
ニャン

生理って何才からはじまるの？

10～12才にはじまる子が多いよ

生まれてくる赤ちゃんのために、女の子のおなかの中では、ふかふかのベッドが毎月、用意されるよ。そのベッドは血液でできていて、受精卵がやってこないと、およそ1か月に1回、新しいもの

生理のしくみ

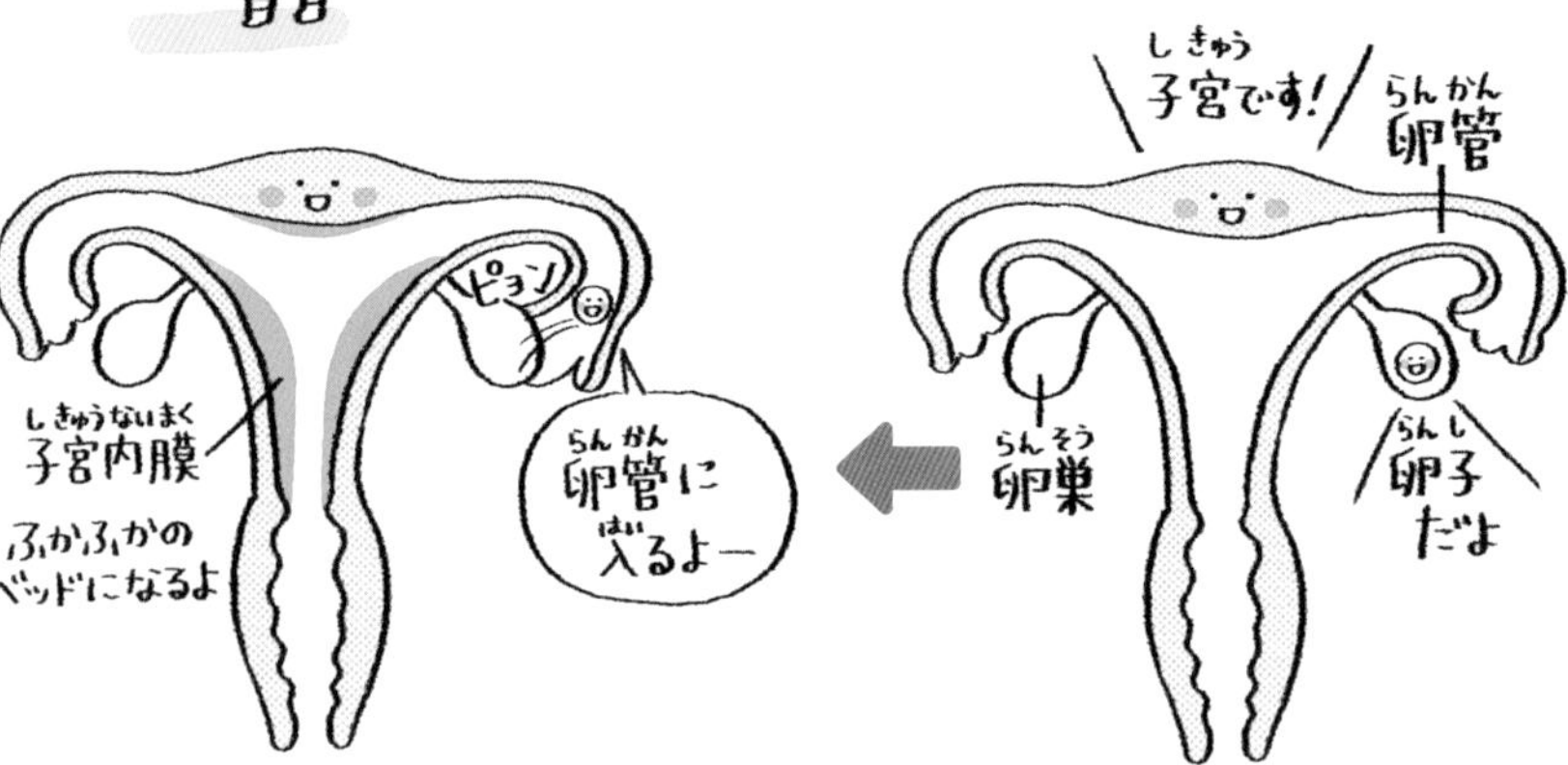

卵巣の中の卵子が成長するよ。

子宮では、内がわの膜が血液をふくんでだんだん厚くなるよ。

にとりかえられるんだ。そのとき、いらなくなったベッドの血液などが、膣を通って体の外に出てくることを「生理」っていうんだよ。生理がはじまる年れいは、人によってちがうけど、10〜12才ごろの子が多いみたい。生理がはじまる前に、ネバネバしたものや、色のついたものがパンツについていることがあるよ。これは「おりもの」といって、生理がはじまる合図でもあるんだ。

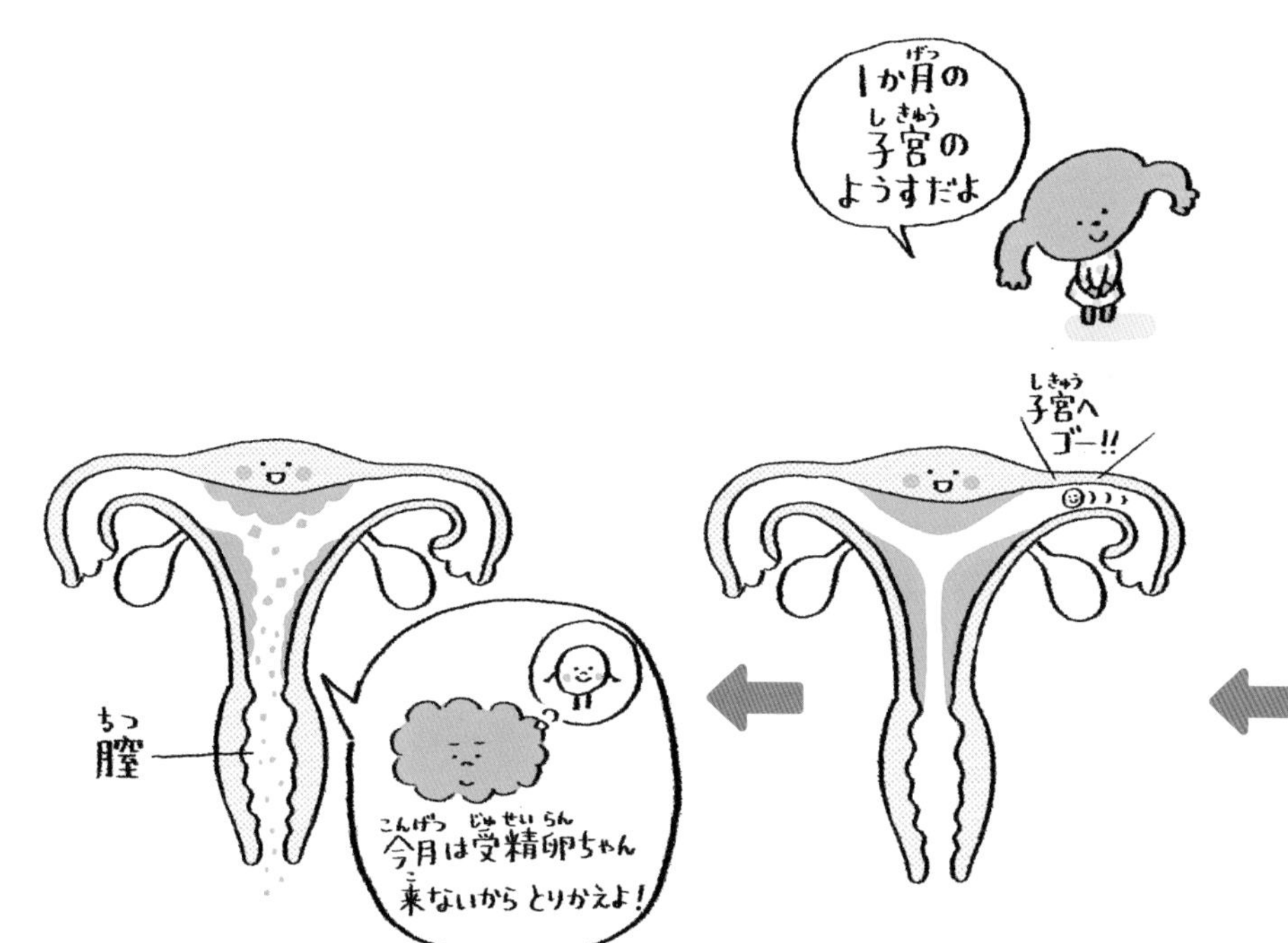

卵管に入った卵子は、精子と出会わないと受精卵にならないよ。

受精卵にならないと、子宮の内がわの膜がはがれて出てくるよ。

どうして生理中ってイライラするの？

体が大人になるじゅんびをしているんだよ

女の子は8才ごろから、少しずつ体の中に「女性ホルモン」が出はじめるよ。すると、おっぱいが大きくなったり、女性らしい体つきになって生理がはじまるんだ。

急にイライラしたり、泣きたくなったりするのは、女性ホルモンのせい。体が少しずつ、「女性の体になろう」「大人の体になろう」と、がんばっているんだね。

だから、イライラしてお母さんにひどいことを言ってしまったり、泣きちらかしたりしても、だいじょうぶ。お母さんはやさしくうけとめてくれるよ。

生理前と生理中いろいろ

ねつっぽーい

イライラ

べんぴー

頭いたい…

ねむ〜〜い

にきびが…

ぜんぶ大人になるためのじゅんびだから、
なかよくつきあってね。

生理って、いたいの？

いたい人もいれば いたくない人もいるよ

生理のとき、おなかがいたくなる人もいれば、いたくならない人もいるよ。ただ、「生理ってイヤだな〜」「めんどうくさいな〜」と思っていると、もっと、おなかがいたくなることもあるんだ。だから、生理をきらいにならない

生理中のすごし方

生理のときはムリをしないのが一番。おすすめの方法をしょうかいするよ。

でね。

　おなかがいたいときは、くすりをのんでもだいじょうぶ。お母さんにそうだんしてみよう！　おなかがすごくいたかったり、いつもより血がたくさん出たり、生理が長くつづいたりするとき、もしくは生理が2か月間こないときも、かならずお母さんにそうだんしてね。

生理中はどれくらい血が出るの？

牛乳びん半分くらいの血が出るよ

生理中は、人によってちがうけど生理がつづく7日間ほどの間に、約50～100ミリリットル、つまり牛乳びん半分くらいの血が出るといわれているよ。

ただ、生理がはじまったばかりのころは血の量が少なく、次にいつ生理がくるかもわかりません。

生理中は休み時間ごとに、ナプキンをかえるといいよ。血でパンツがよごれたら、自分であらってね。

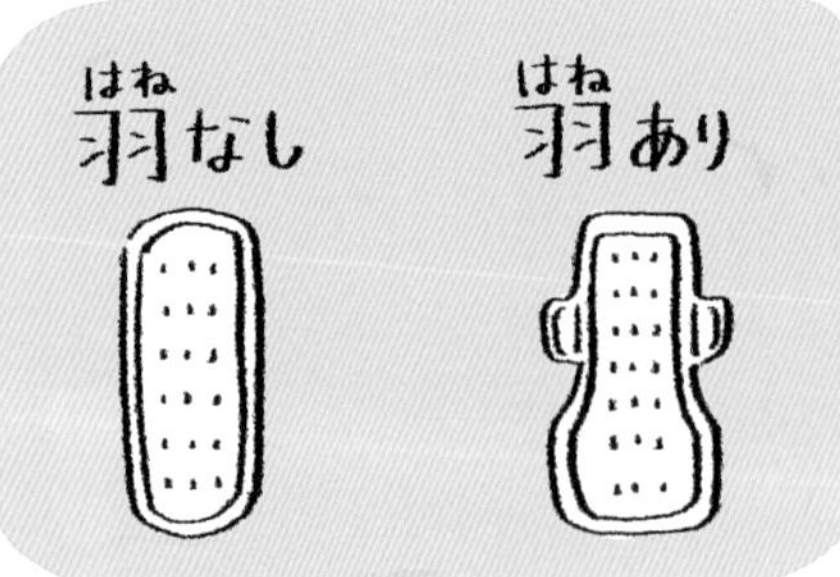

1

ナプキンの
つつみ紙をはずす

つつみ紙は
あとで使うからすてないでね

2

羽なし　羽あり

パンツのまん中に
はりつけてグルッと
うらにおりかえす

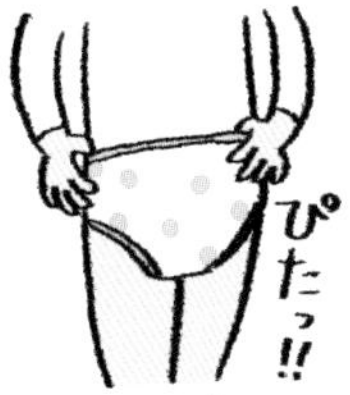

ぴたっ!!

ナプキンがずれない
ようにパンツをはこう

3

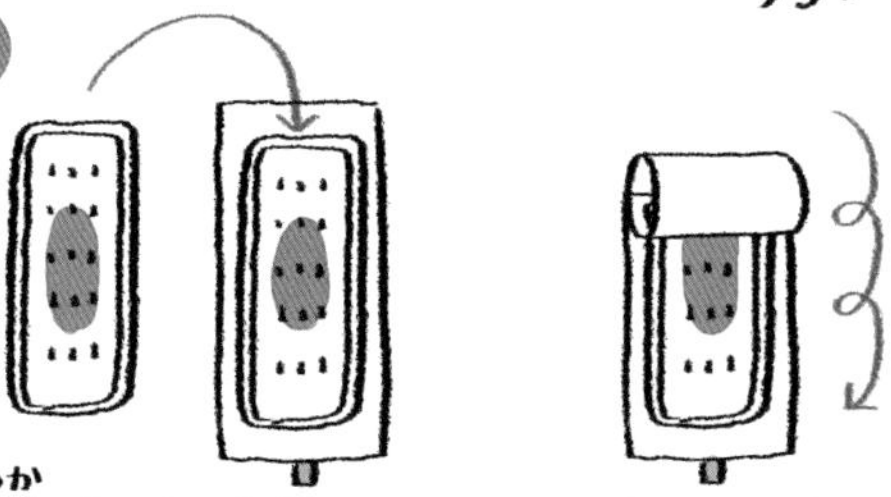

使ったナプキンは
つつみ紙にのせて

クルクル
まいて

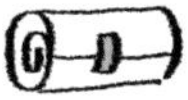

ついてるテープで
とめる

4

サニタリーボックスにすてるよ
トイレには流さないでね

いつはじまってもいいように
ポーチをつくっておくと
便利だね

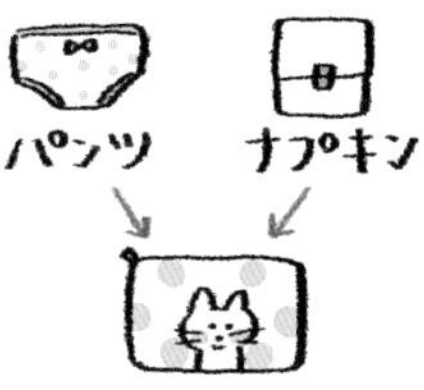

パンツ　ナプキン

のじま流
おうちの方へのアドバイス ❸

本当に知りたいのは気持ちや学校での対処の仕方

修学旅行や林間学校、社会科見学など、ふだんの授業とは違った学校行事で、初潮をむかえる子どもが多いようです。

学校行事の途中で生理が始まると、下着が汚れるなどして、子どもはびっくりし、どうしていいかわからなくなることも……。初潮にきちんと対応できないと、子どもは傷つき、せっかくの楽しい行事が台無しになってしまいます。

小学4～5年生になったら、いつ初潮をむかえてもいいように、お子さんに生理の話をし、ナプキンを使う練習をしておきましょう。

また、初潮の準備というと、ナプキンを渡すだけのお母さんがほとんどだと思いますが、子どもが本当に知りたいのはナプキンの使い方だけではなく、生理が始まったときの気持ちや、学校での対処の仕方です。初潮をむかえる前から、きちんとそうした話をしておくと、お子さんも安心します。

また、初潮をむかえたばかりのころは、生理周期が不規則で、生理が急に始まることも。下着を汚してしまうこともよくあります。ですので、**ポーチにナプキンと下着を入れて、学校のロッカーに置いておくといいでしょう。**

最近は、見た目がミニタオルのようで、ナプキンが入っていることがわからないポーチもあります。お子さんと一緒に、そうしたグッズを買いに行くのもおすすめです。

のじま流

おうちの方へのアドバイス 4

「生理は恥ずかしいことじゃない！」お母さんの声かけが大切

お母さんが、いつも「生理でお腹が痛い」「生理はイヤだ！」と言っていると、お子さんも生理を〝やっかいなもの〟と思ってしまいます。

女性は40年弱もの間、生理があり、その長い期間を憂鬱に過ごすか、ハッピーに過ごすかは「生理をどうとらえているか」によります。そして、**子どもが生理をどうとらえるかは、お母さんや家族の声かけ次第なのです！**

生理を前向きにとらえるには、初潮をむかえたときに赤飯を炊くのも、いい習慣。「生理は恥ずかしいことじゃないよ」「生理がきたら、お祝いしようね」とふだんから話していれば、子どもは生理を嬉しいことととらえるのです。

また、子どもの生理痛がひどいときは、学校を休ませてもいいと思います。お腹が痛いとつらいですし、経血で下着が汚れるのはイヤなもの。**初潮をむかえたら担任の先生に、学校や体育の授業を休むかもしれないと伝えておくといいでしょう。**

ただし、生理がくるたびに体調が悪い、生理が長く続くなどの不調がみられる場合は、婦人科を受診してください。

まずは内科と同じく、母と娘のホームドクターとなる婦人科をつくりましょう。婦人科は出産だけでなく、女性特有の症状を相談するところ。お母さん自身が婦人科のとらえ方をかえ、身近で大切な場所だとお子さんに伝えてください。

のじま流

おうちの方へのアドバイス ❺

女の子の"ギャングエイジ期"お母さんはドーンとかまえてあげて

女性ホルモンが出始める**8歳から10歳ごろ、女の子は気持ちのアップダウンが激しくなります**。でも、お母さんはド～ンとかまえていてください。

女の子は一人でがんばって、心も体も大人になろうとしています。そのため、急に泣き出したり、怒りっぽくなったり、ときには、素直でかわいかった子が、豹変したように感じることがあるかもしれません。

そもそも、8歳から10歳ごろは「ギャングエイジ」と呼ばれる年齢。学校では学力や体力の差がハッキリと見えてくる時期で、子どもは友達と自分を比べて劣等感を抱きやすく、トラブルも増えます。さらに、女の子はこの時期、家の中ではわからない、女子特有の陰湿なトラブルを抱えがち。そんなデリケートで危うい時期に、さらに女性ホルモンからくるイライラ&モヤモヤが重なるのです！　大変ですよね。

学校では、イライラした気持ちを抑えているぶん、家では安心して、お母さんに激しく八つ当たりをするかもしれません。でも、**イライラした気持ちを一人で抱え込むより、親にぶつけるくらいがちょうどいいのです**。

生理が始まったら、少しずつ落ち着いてくるはず。それまでは大きな気持ちで、お子さんの変化を受け止めてあげてくださいね。

第3章

男の子の話

朝(あさ)おきたらパンツがぬれてた！？

ギャーーーーッ!!!
なんで?
おもらし
しちゃったの?
ニャ

射精って、なあに？

精子がまざった精液が出ることだよ

男の子も思春期が近づくと、いろんな体の変化がおこるよ。おちんちんの下にある精巣でつくられた精子が、おしっこのあなから精液といっしょに体の外に出ることを、「射精」っていうんだ。白くて少しねばりけがあるけれど、病気ではないから心配しないでね。

そして、はじめて精液が出ることを「精通」っていうんだ。だいたい12～14才くらいで、精通がおこることが多いといわれているよ。

精通は赤ちゃんをつくれる体になったしょうこだよ。大人への一歩をふみ出したということ。だから、とってもうれしいことなんだよ。

精子は約0.05ミリととっても小さいよ。
精通は大人に近づいたしょうこ！

夢精って、なあに？

ねむっている間に射精をすることだよ

夜、ねむっている間に射精をすることを「夢精」っていうんだ。夢精をする理由はいろいろあって、おしっこがたまっていたり、夢を見たりすることで、夢精をすることがあるよ。

夢精は、男の子ならだれにでもあること。だから、心配いらないよ。

でも、精液がついたパンツは自分であらってから、せんたくカゴに入れておこうね。かぞくの中でもマナーをまもって、気もちのいいかんけいをつくっていこう。

精液(せいえき)が
ついたパンツは
自分(じぶん)であらってから
せんたくカゴへ!

夢精(むせい)はだれにでもある
からおどろかないでね。
自分(じぶん)でパンツをあらうの
がマナーだよ。

おしっこと精液はまざらないの？

まざらないような体のしくみになっているよ

おしっこも精液も、おちんちんの同じ場所を通って出てくるよ。でも、射精をするときは、おしっこが出ないように、人の体はとってもうまくできているんだ。

おしっこと精液は、まざることはないから安心してね。

おしっこと射精のちがい

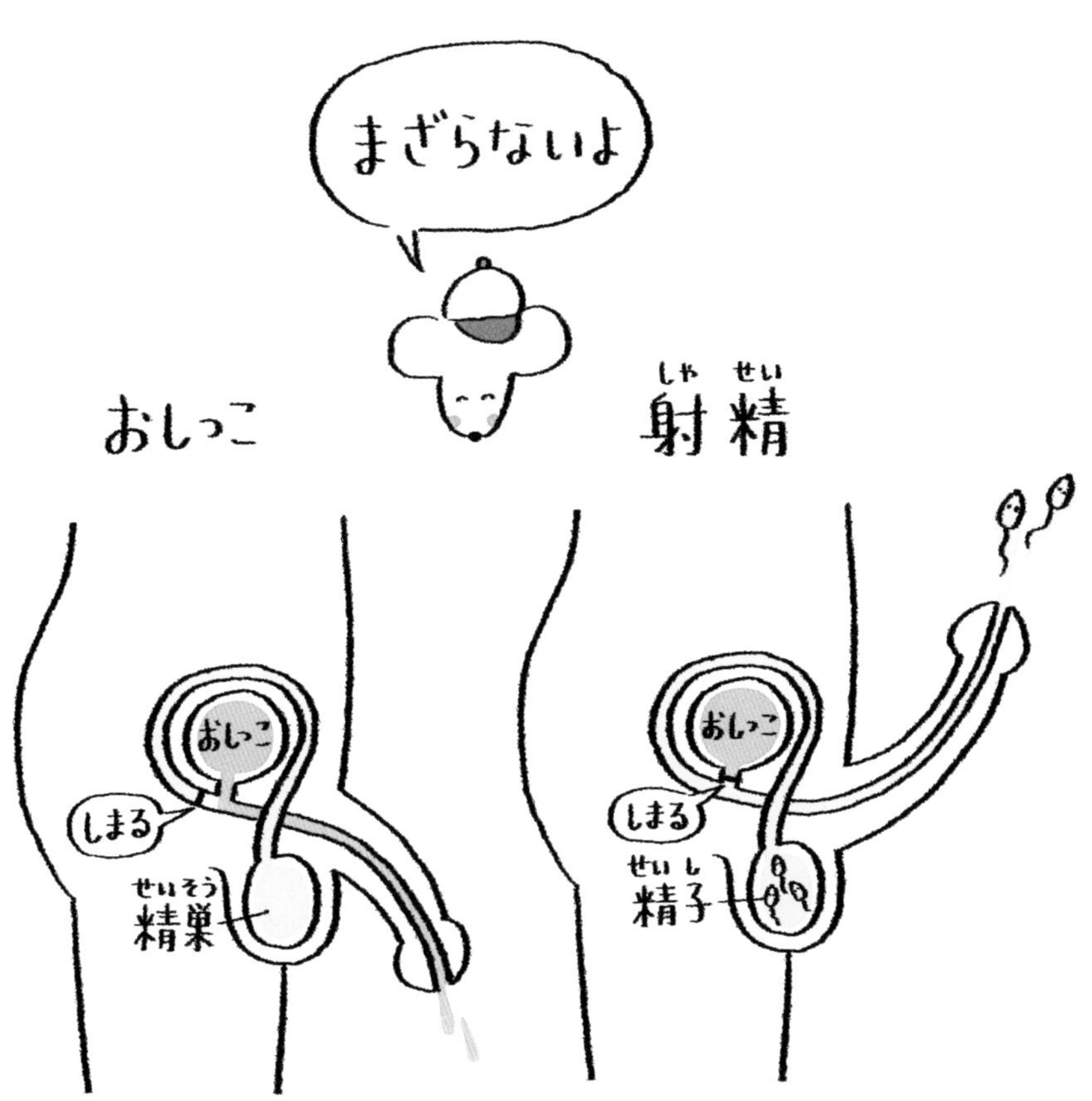

射精をするときは、おしっこをためておく場所の出口がしまっているよ。

精子の数って、どれくらい？

日本でくらす人の数よりも多いよ

1回の射精で出る精子の数は、1億から4億といわれているけど、女の人の卵子と出会えるのは、その中のたったひとつだけ。

精子たちは、とってもたいへんなレースをのりこえて、卵子へとむかっていくんだ。そして、たったひとつの勇者である精子が、卵子にたどりつくんだよ。

だから、サバイバルレースをのりこえて生まれてきたきみたちは、みんなが1等賞！ みんな、生まれてきた時点で、1等賞のヒーローなんだよ！ すごいね！

ゴール
卵子（らんし）
たくさんの精子（せいし）が
卵子（らんし）をめざして
サバイバルレースをするよ
生（う）まれてきたってだけで
きみは1等賞（とうしょう）なんだ

男の子の話

おちんちんをさわると気もちいいって、へん？

さわって気もちがいいのは、ふつうのことだよ

おちんちんをさわると、みんな気もちよくなるよ。それは、ふつうのことだよ。また、さわってしまうのは、わるいことではないんだ。

だけど、だれかが見ている前で、おちんちんをさわるのは、はずかしいこと。マナーいはんでもあるよ。

ほかにもね、わるい大人が見ていたら、いたずらをしてもいい子だって思われるかも……。自分だけの大切な部分は人に見られないように、トイレやおふとんの中でさわるようにしようね。

なんか
気もちいい〜〜
これって
へん？
へんじゃ
ないよ
だけど
人に見られない
ようにトイレや
ふとんの中だけで
さわってね
モゾ　モゾ
おちんちんは
きみだけの
大切なもの
だから
ルールを
まもってね！

あそび❶ 人体まちがいさがし

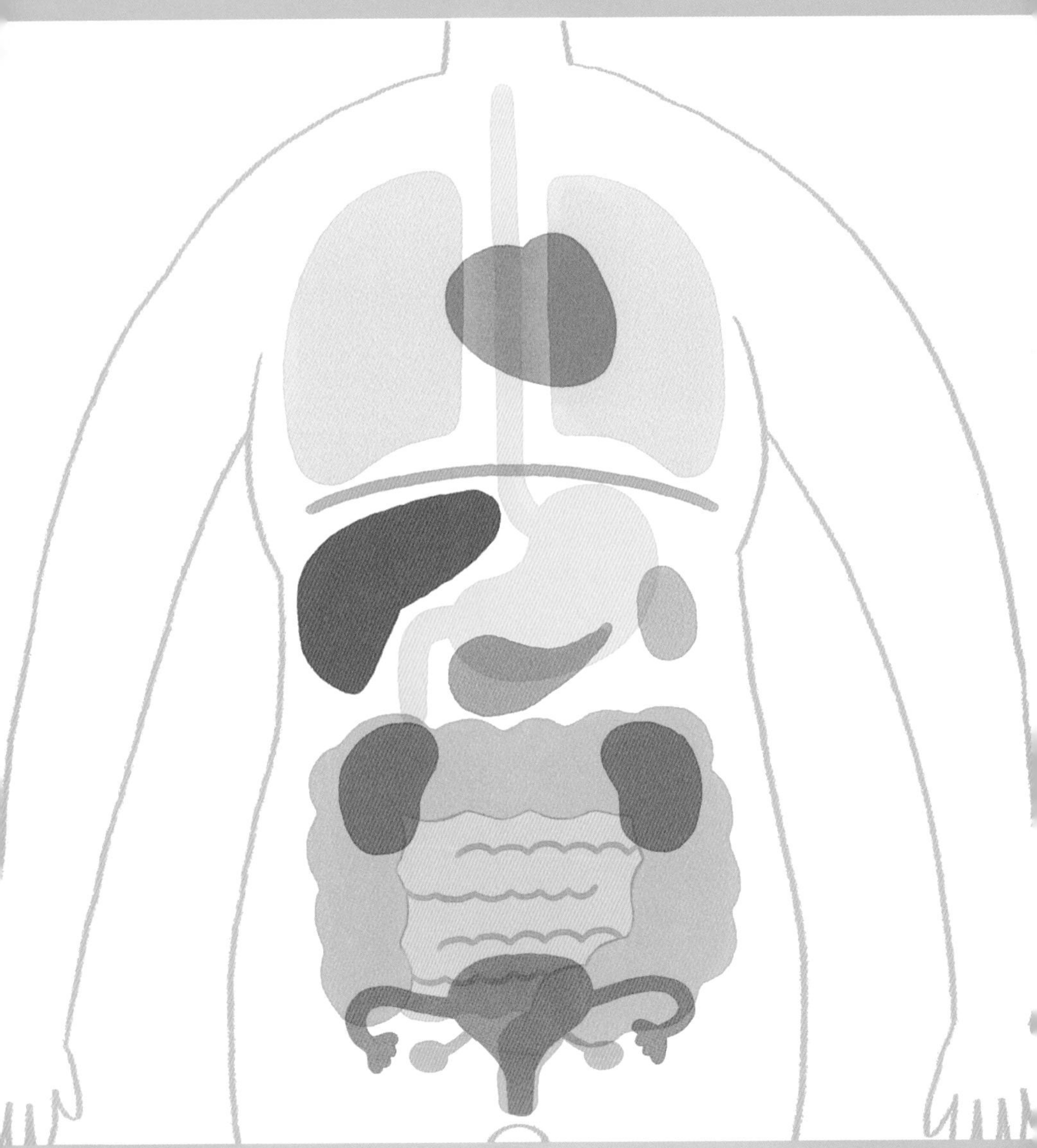

右の絵と左の絵では、まちがいが3つあるよ。
どこかな？ さがしてみよう！

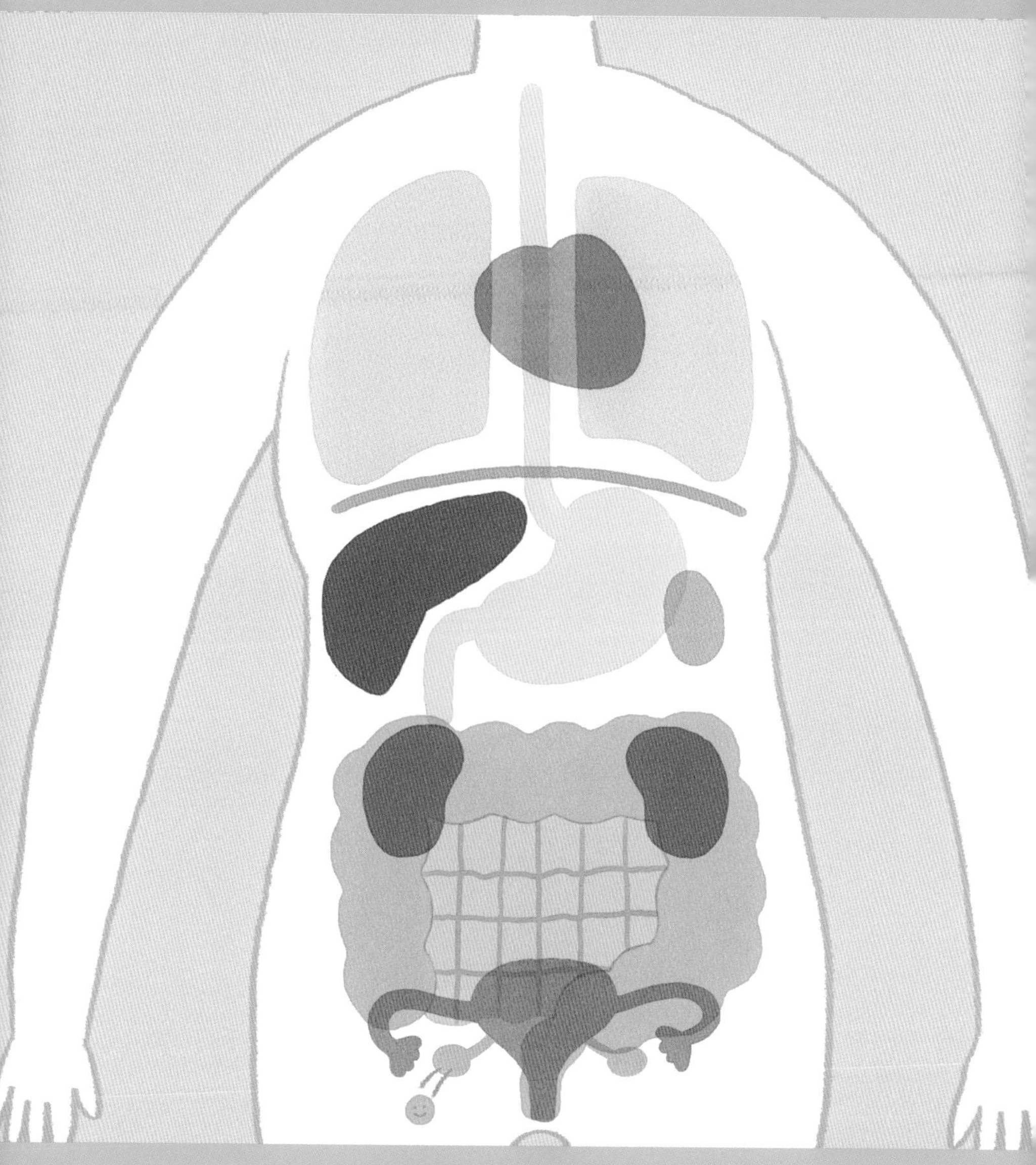

こたえは112ページ

のじま流

おうちの方へのアドバイス 6

男の子には一人の時間を楽しめる自分の部屋をつくってあげて

まず、おちんちんは大切な部分であることを、しっかりお子さんに話しましょう。そのうえで、「命の成り立ちにかかわる、自分の大切な部分は人に見せないこと」「人前でさわるのはマナー違反であること」そして、「おちんちんをさわることが悪いのではなく、さわる時と場所を考えることが大事」なのだと伝えてください。

おちんちんをさわる回数に制限はないですし、毎日さわってもOKです。でも、そればっかりではなく、お友達と遊んだり、勉強したりすることも大切にね、ということも、あわせて伝えられるといいですね。

また、性器が傷つくような行為をしていないか、気をつけることが重要です。実際に、性器を床や机にこすりつけて傷つけてしまう子もいるので注意しましょう。

男の子は小学4~5年生になったら、自分の部屋をつくってあげてください。そして、男の子も女の子も、小学4年生になったら、寝室とお風呂は親と別にする準備を始めましょう。子どもが一人の時間を楽しむ場所を与えるのは、親の役目です!

子ども部屋に入るときは、必ずノックを。いきなりドアを開けて、子どものマスターベーションを見てしまったら、悪いのは100パーセントお母さん、お父さんです! 見られた子どもは精神的なダメージが大きいもの。子どもを傷つけないためにも、ノックを忘れずに。

第4章

いのちの話

赤ちゃんはどこから出てくるの!?

ねえママ
おへそって
赤ちゃんが
出てくるところ?

たかくんが ママのおなかに いたときはね
ママのたいばんから へそのおをとおって たかくんに 「さんそ」や 「えいよう」を とどけていたんだよ
おへそ すごい
でもね パパとママが出会って たかくんが生まれて くれたことは
もっと すごくて すてきなこと なんだよ
うれしい
そうなの？ なんで？ どうして？
たかくん 生まれてきてくれて ありがとうね
どれだけ すてきなことか ママがいまから おはなしするね
うん!!
ワクワク

どうして男の子は妊娠しないの？

おなかの中に赤ちゃんのベッドがないからだよ

女の人のおなかの中には、生まれる前の赤ちゃんのためにふかふかのベッドが用意されているんだ。これを「子宮」っていうよ。

でも、男の子のおなかの中には、子宮はないんだ。だから、男の子は妊娠しないんだよ。

女の子は、しょうらい子どもを生み育てるために、毎月、赤ちゃんのベッドをこうかんしてあげるんだ。それを「生理」っていうよ。生理の間、女の子はおなかがいたかったり、体がだるかったりすることがあるから、やさしくしてあげてね。

女の子
子宮がある
男の子
子宮がない
フカフカ
フカフカ

赤ちゃんはどうやってできるの？

精子と卵子が出会うことでできるよ

男の人の精子と女の人の卵子が出会うと、「受精卵」っていういのちの元ができるんだ。では、精子と卵子は、どうやって出会うのかな？

女の人には、おしっこの出口のほかに、男の人にはない「膣」っていうあながあるよ。そこに、男の人の大きくなったペニスを入れて射精をすることで、たくさんの精子が卵子にむかっておくりこまれるんだ。その中のたったひとつの精子が卵子に入りこんで、受精卵になるんだよ。

受精卵の大きさは、なんと0.1ミリ！　針のあなより小さいよ。この小さな小さな受精卵が、いのちのはじまり。子宮の中で赤ちゃんに育っていくんだよ。

じっさいの卵の大きさ

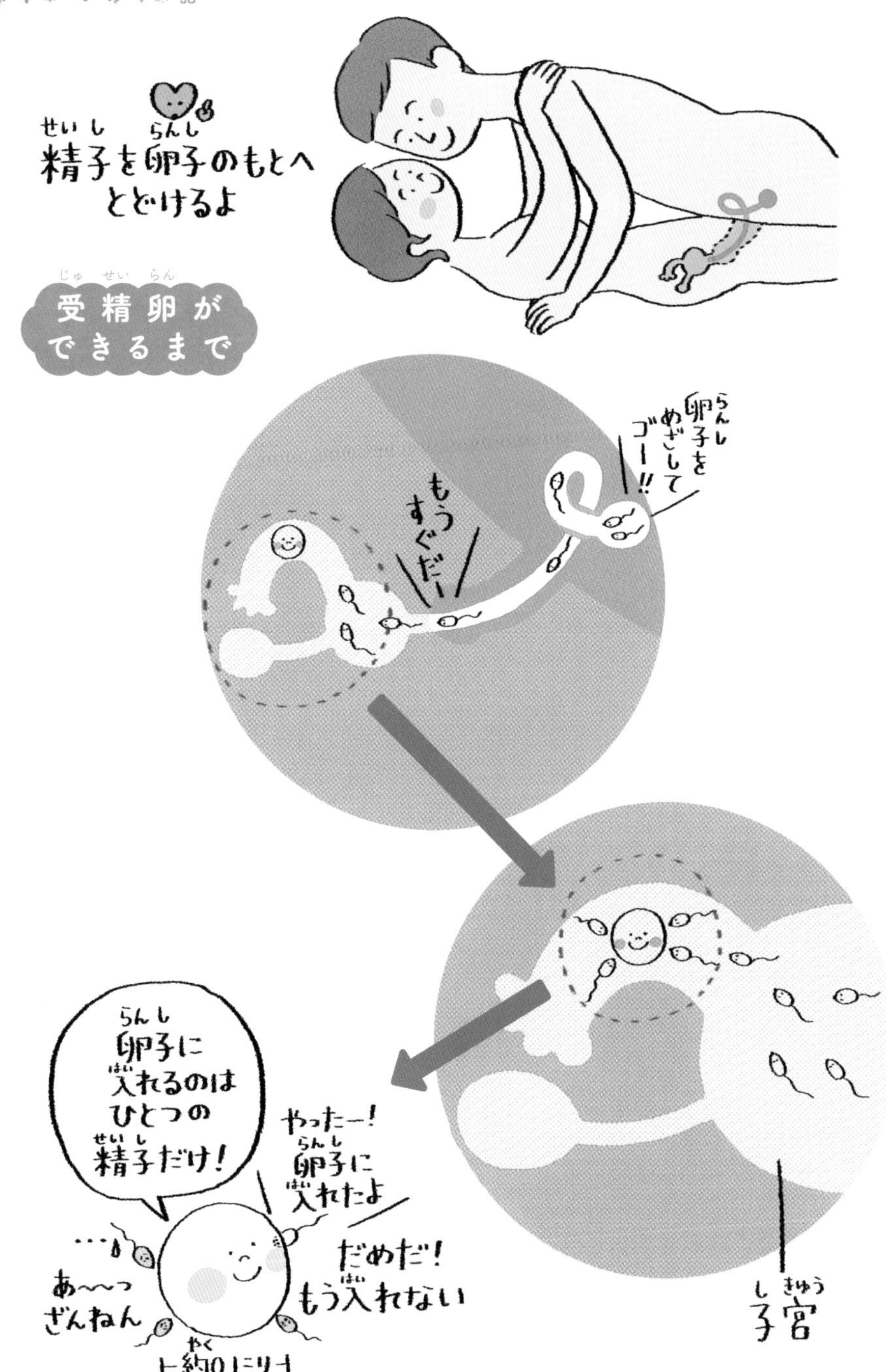
精子を卵子のもとへ
とどけるよ
受精卵が
できるまで
もう
すぐだー
卵子を
めざして
ゴー!!
卵子に
入れるのは
ひとつの
精子だけ!
やったー!
卵子に
入れたよ
だめだ!
もう入れない
…
あ〜〜っ
ざんねん
←約0.1ミリ→
子宮

ふたごってどうやって生まれるの？

2通りの生まれ方があるよ

ふたごには「一卵性」と「二卵性」があるんだ。「一卵性」とは、お母さんの子宮の中にできたひとつの受精卵が、ぐうぜん2つに分かれて、2人の赤ちゃんが育つこと。2人とも同じ性別で、顔や体つき、声などがそっくりだよ。

そして「二卵性」とは、子宮の中で2つの卵子と2つの精子が出会って、2つの受精卵ができ、それぞれが赤ちゃんに育つこと。2人とも同じ性別のこともあれば、男の子と女の子のふたごが生まれてくることもあるんだ。顔や体つきなども、あまりにていないよ。

ふたごは子宮の中でいっしょに育つけれど、先に生まれてきた赤ちゃんが、お兄さん、お姉さんになるよ。

ふたごのしくみ

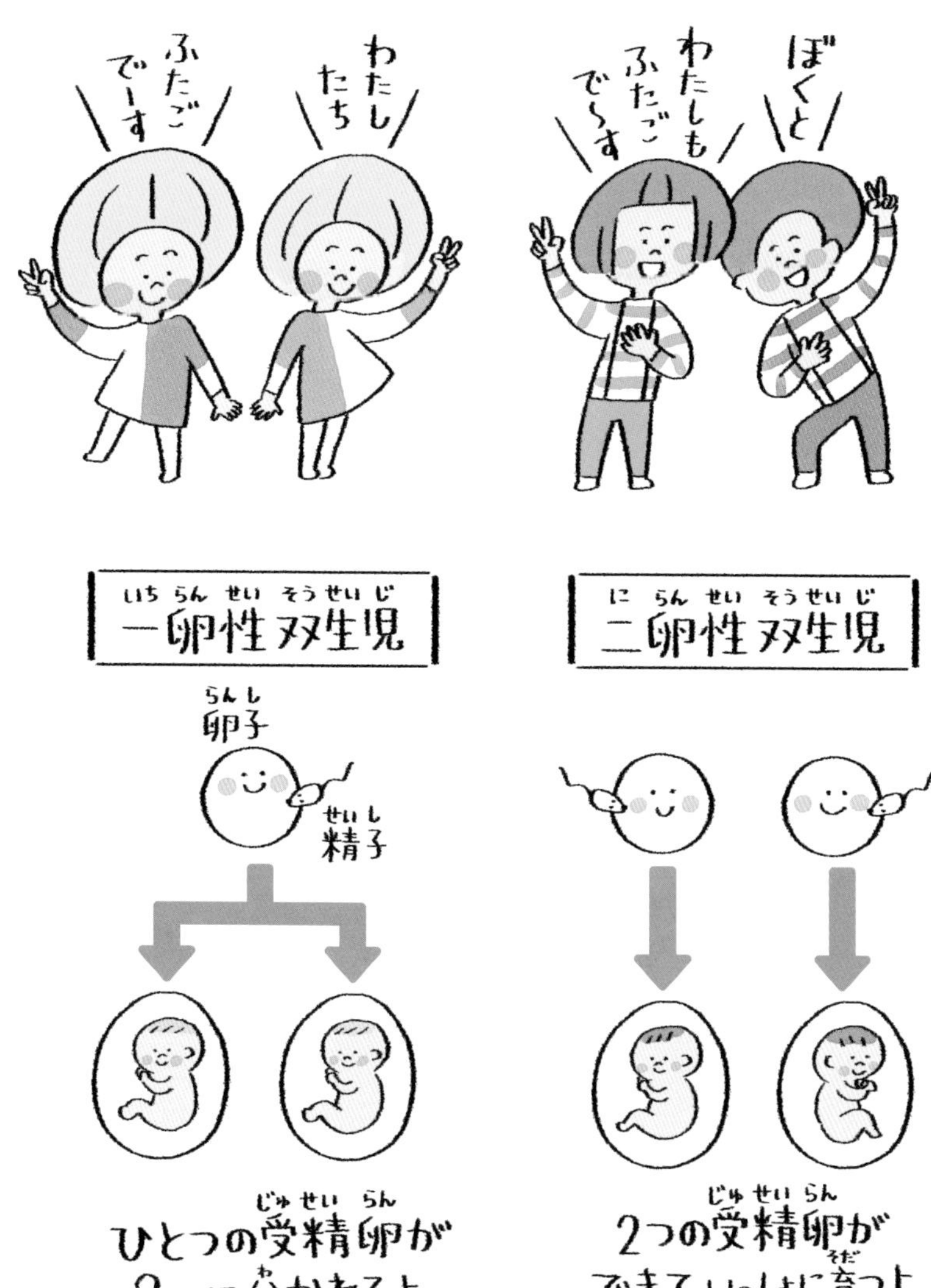
わたしたち
ふたごでーす
ぼくと
わたしもふたごでーす
一卵性双生児
二卵性双生児
卵子
精子
ひとつの受精卵が
2つに分かれるよ
2つの受精卵が
できていっしょに育つよ

いのちの話

おなかの中の赤ちゃんは何をしているの？

外のせかいで生きていくためのれんしゅうをしているよ

おなかの中の赤ちゃんは「羊水」っていう水につつまれていて、まるで海の中にいるみたい。羊水にプカプカうかびながら、手足を動かしたり、グルッと回転してあそんだり。おしっこをしたり、そ

おなかの中の赤ちゃんのようす

手足を動かしたり

おしっこをしたり

れをのんでみたり、外のせかいで生きていくためのれんしゅうをしているよ。

赤ちゃんはへそのおを通して、お母さんからえいようをもらっているよ。

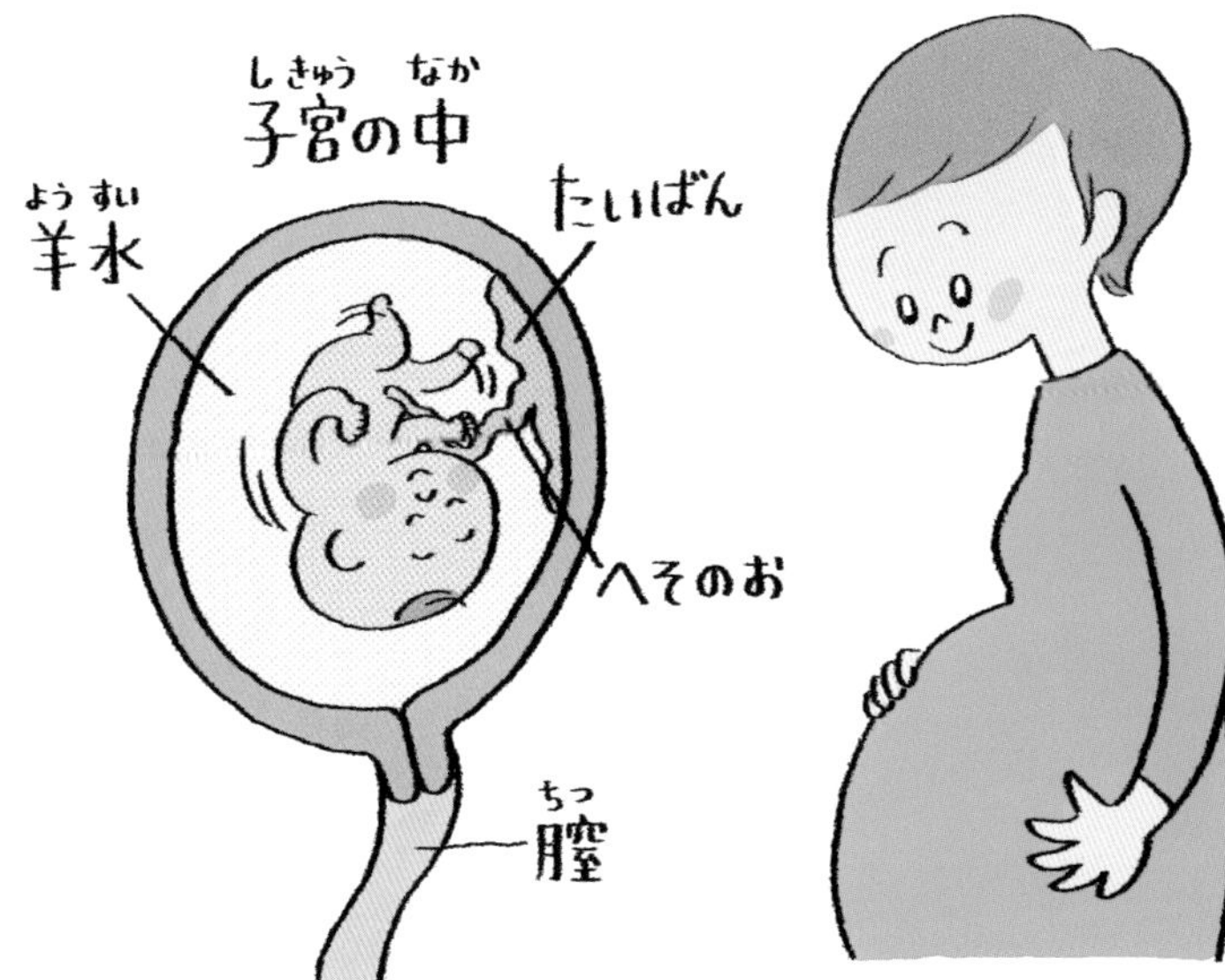

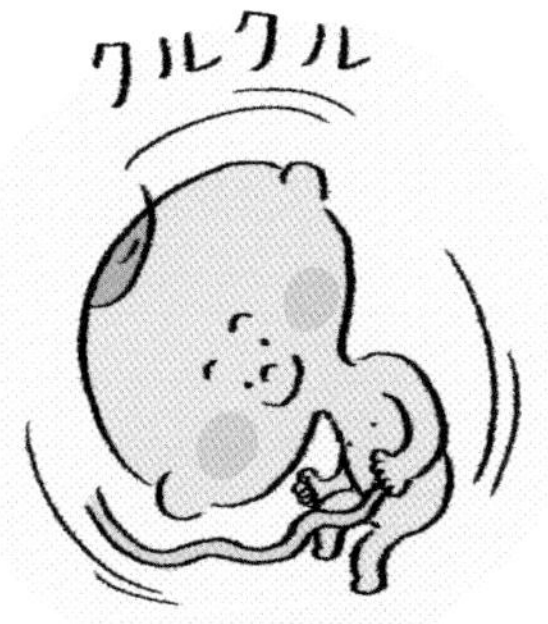

ぐるりんと回転したり

羊水をのんだり

いのちの話

どうして赤ちゃんは10か月もおなかにいるの？

外のせかいで生きるじゅんびに10か月かかるからだよ

ものを見る、声を聞く、息をする。赤ちゃんが外のせかいで生きていくじゅんびができるまで、だいたい10か月かかるんだ。
お母さんが妊娠してすぐのころ

赤ちゃんの成長

妊娠2か月まつ

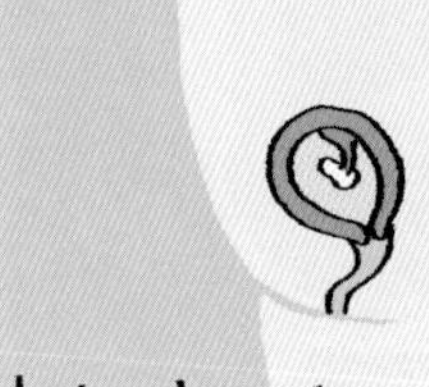

およそ1センチ

心ぞうや脳などができてくるよ。

妊娠3か月まつ

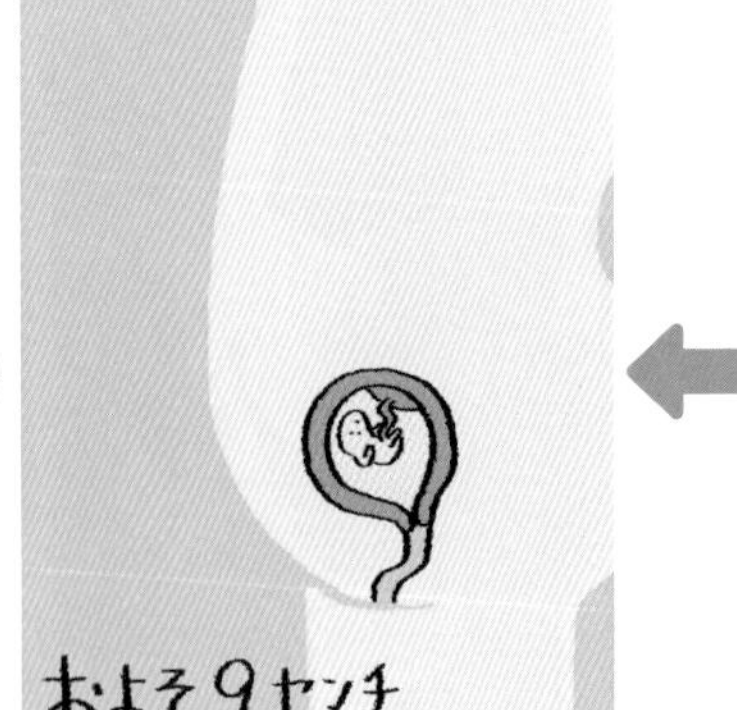

およそ9センチ

男女のくべつができるようになるよ。

は、小さなさいぼうのあつまりだけど、2か月目くらいには心ぞうが動いて、4か月目くらいには人としての大切な器官ができあがるよ。

　でも、外のせかいで生きていくためには、まだまだ時間が必要。だいたい10か月間、お母さんの子宮の中にいるよ。

　そして、「よし、この日に生まれよう！」と赤ちゃんが自分できめて、陣痛っていう生まれる合図をお母さんに出すんだ。

妊娠6か月まつ

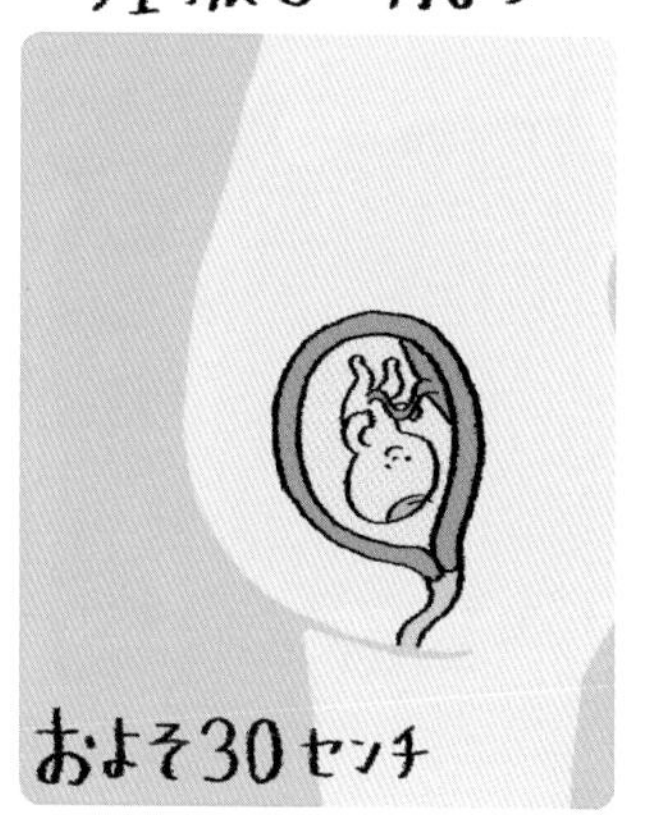

まぶたをとじたり、ひらいたり。耳も聞こえるよ。

妊娠10か月まつ

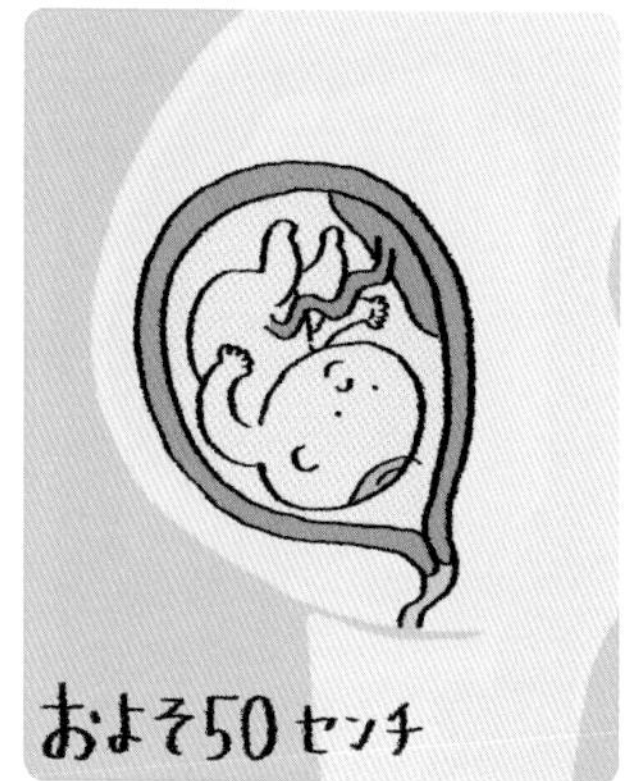

大きくなって、生まれてくるじゅんびをするよ。

いのちの話

赤ちゃんはどこから生まれるの？

赤ちゃんの生まれ方はひとつじゃないよ

赤ちゃんがじゅうぶんに大きくなると、赤ちゃんをおし出そうと子宮がちぢむんだ。そして、赤ちゃんは膣を通って生まれてくるよ。

もうひとつの生まれ方もあって、お母さんのおなかを切って、赤ちゃんをとり出すこともあるんだ。どちらにしても、すばらしいいのち。生まれてきてくれて、ありがとう！

何才になったら妊娠してもいいの？

心と体がじゅうぶんに成長してからがいいね

妊娠は、あなたが一人で生活できる年れいになるまで、まったほうがいい。

体がきちんと成長する前に赤ちゃんを生むと、赤ちゃんの体も、お母さんの体も、きけんなめにあ

うかもしれないよね。そして、子どもを育てるにはお金もたくさんかかる。だから、心も体も赤ちゃんをむかえるじゅんびができて、自分一人で生活できるようになってから、妊娠するほうが子育てを楽しめると思うよ。

　小学生には小学生にしかできないこと、中高生には中高生にしかできないことがたくさんあるよ。その年れいでしかできない経けんを、たくさんしていこうね。

のじま流

おうちの方へのアドバイス 7

性教育は親からの「愛情」子どもの自己肯定感を高めよう

およそ80パーセントの子どもが5歳までに、命にまつわる何らかの質問をしてきます。実は、この5歳という年齢にも、きちんと理由があるのです。

5歳くらいになると、お友達に妹や弟が生まれることが多くなります。そうすると、やっぱり聞きたくなるのが「赤ちゃんはどこから生まれてくるの？」。

これは、子どもたちが性に目覚めたわけではなく、「命ってすごいね」という素直な気持ちで聞いてくる質問です。命の成り立ちを知ることは、自分が生まれてきた奇跡を知ることにつながります。

お子さんが疑問をもったときこそチャンスです。「あなたが生まれたときはね……」そんな思い出と一緒に、命がどれほど素晴らしいものか話してみてください。すると、自己肯定感が高まり、自分のことだけでなく、周囲の人たちも大切にできるようになるのです。

最近では、小学生が性交をしたという話も耳にします。しかし、興味本位で性交をすると、妊娠したり、性感染症にかかったりすることも。また、お互いに「好き」という気持ちがあっても、13歳未満の性交は法律で禁止されています。性教育を通して命の大切さを伝え、自分だけでなく、家族や友達、恋人を思いやる気持ちを育てていきましょう。

第5章

自分をまもる

きけんがいっぱい!!!

きゃっ♡このかわいいスタンプ、タダだって!
ダウンロードしようっと!
ポチ♫

あっ!
このゲームのアイテムいまだけむりょうだ!
ラッキー!
ポチッ♫

DANGER
○○○
ウィルス
×○□△
TEL!!
09-0094

ど、どうしよう!
こわい画面になっちゃった…
ウィルスってなんだろう?
ママに言わなきゃ…でもおこられちゃう? でも、でも……
ワナワナ
ワナワナ
ゆうちゃんどうかした?

DANGER
こわいとこに
いっちゃった!!
ど、どうしよう
うわぁん
どれどれ…
フムフム
なかなくていいよ
はい!
もうだいじょうぶ
ヒック
ヒック
ママにすぐ
おしえて
くれて
ありがとう
こわかった
よね
うん…
ゲームは
たのしいし
インターネットも
べんりだけど
きけんなことも
いっぱい
あるんだよ
うん
ほかにも
世の中には
いろんな
きけんがあるから
ママといっしょに
「おやくそく」
きめよう!
はい!

友だちにパンツの中を見せてと言われたら？

「いやだ」とはっきりことわろう

体には、自分だけの大切な場所があるんだ。それは「口」と「水着でかくれる場所――むね、おしり、性器」で、これを「水着ゾーン」っていうよ。

男の子も女の子も、水着ゾーンは人に見せたり、さわらせたりしない

水着ゾーンは、人に見せたりさわらせたりしてはいけない、自分だけの大切な場所だよ。

でね。もし、友だちに「見せて」と言われたら、「いやだ」とことわっていいんだよ。

水着ゾーンを見ようとしたり、さわろうとしたりする大人、それから、あなたに水着ゾーンを見せたり、さわらせたりする大人はとってもきけん！　そんな人に会ったら、大声を出してにげて、お父さん、お母さんや学校の先生につたえよう。

あなたの「やめて！」には、すごい力があるの。自分をまもるための勇気もしっかりもっていてね。

もし知らない大人から声をかけられたら？

知らない大人にはぜったいについて行かないでね

「道がわからないから、いっしょに来てくれない？」「おなかがいたいから、助けてくれないかな？」……もし知らない大人から声をかけられても、ぜったいについて行かないで。

きけんな人が、あやしいかっこうをしているとはかぎらないよ。やさしそうで、いい人に見えても、じつはわるい人ということもあるんだ。いい人か、わるい人かを見分けるのは、むずかしいもの。知らない人に「いっしょに来て」とたのまれても、ことわってね。

たとえば、道を聞かれたら、「大人の人に聞いてください」と言うのが正かい。それだけで、こまっている人を、じゅうぶんに助けられるよ。

いい人そうに見えても、ついて行ったらダメ！

無料のスマホアプリはやってもいいの？

使う前に、お父さんかお母さんにそうだんしてね

スマホゲームなどのアプリには、お金がかかるものと、タダでできるものがあるよ。アプリの中には、わるい人たちがお金もうけをしたり、子どもをまきこもうとしているものも、たくさんあるんだ。

だけど、安全なアプリと、きけんなアプリを見分けることは、大人でもむずかしいもの。なので、ぜったいに一人でダウンロードしてはダメ。かならずお父さん、お母さんに「いいよ」と言われてからにしてね。

また、スマホゲームであそんでいて、新しいアイテムなどを手に入れたいときも、かならずお父さん、お母さんに聞こう。やくそくしてね。

体のなやみをインターネットで聞いてもいいの？

まずは身近な人にそうだんしてみよう

インターネットはとってもべんりだけど、中には〝ウソ〟もまざっているんだ。

たくさんのじょうほうがあるインターネットのせかいで、体のなやみを聞いても、正しい答えをさ

がし出すのはたいへんだよ。体のなやみは、まず人生の先ぱいである、お父さんやお母さん、おじいちゃんやおばあちゃん、学校の先生に聞いてみよう。

ただ、もしかすると、お父さんやお母さんに体のなやみを聞いたとき、ドキッとされてしまうことがあるかも。それは、きみたちに、どうやって答えをつたえたらいいか、じゅんびしているだけ。だけど、きみの知りたい答えを、きっとおしえてくれるよ。

べんりなインターネットを
ぜんぶ信じるのはきけん!
インターネットは何でも
おしえてくれる先生ではないよ。

あそび❷ 親子クイズ

下の絵の中で、お母さんと同じすがたで
生まれてくる生きものはどれかな？

こたえは112ページ

のじま流

おうちの方へのアドバイス 8

SNS利用の事件が急増！ 子どもを守るために親がすべきこと

２０１８年、ＳＮＳの利用で事件に巻き込まれた18歳未満の子どもは１８００人以上。スマホアプリから事件に巻き込まれるケースも多々報告されています。

ただし、これは明らかになっている数だけ。事件に巻き込まれても「親に怒られたくない」という思いから相談できない子が多く、実際はもっとたくさんの事件が起こっています。お子さんとは、ＳＮＳで困ったことが起きたら必ず相談すること、簡単にスマホアプリをダウンロードしないことなど、ルールを決めておきましょう。

さらに、最近はオンラインゲームで知り合った相手と会い、犯罪やトラブルに巻き込まれるケースも。ゲームの勇者が真の勇者ではありません。オンラインゲームやＳＮＳで知り合った人とは絶対に会わないと約束しておきましょう。

また、「あなたのパソコンからウイルスが検出されました」などの詐欺警告にも要注意。これには私もダマされそうになりました！　おかしな警告や電話番号が画面に出たり、警告音が鳴ったりしても慌てず、親に報告するよう伝えてください。そして、実際に子どもが報告してくれたら、きちんとほめること。それは自分で自分を守ることができた証しです。

こうしたスマホアプリやＳＮＳの知識を正しく伝えておくことが、子どものお守りになります。

のじま流

おうちの方へのアドバイス 9

子どもが性的なサイトを見ても絶対に怒ってはダメ！

子どもに体の悩みを聞かれたとき、教えてあげるのは大人の役目です。**ふだんから、悩みを相談されたときの準備をしておきましょう。**

また、インターネットを使い始めたら、子どもが性的なサイトに興味をもつのは当たり前のこと。見たいと思うのは子どもの本能です。子どもには子どもの世界があって、あなたのお子さんは特に見たいと思っていなくても、友達に「見ようぜ！」と誘われたら、断れないこともあるでしょう。さらに、インターネットには、性的なサイトに誘導されるような構造もあります。

ですので、くれぐれも、性的なサイトを見たからといって、子どもを叱らないでください。叱れば叱るほど、子どもは見ていることを隠します。「性的なサイトを見たら叱られる」という前提を、子どものなかにつくってしまうと、実際に問題が起こったとき、親に相談できなくなってしまいます。

これからの時代、インターネットは世界を広げてくれる必須のアイテム。だからこそ、使わない対策をとるのは不可能です。子どもを犯罪やトラブルから守るためには、子どもをインターネットから遠ざけるのではなく、**サイトを見るときのルールや、トラブルが起こったときの対処法をしっかりと教えておくことが、何よりも大切。**何事も先手必勝です！

第6章

こころの話

相手の気もちをかんがえよう

けけけ!!
もじゃもじゃ！
もじゃっこだ〜〜
うるさい
チビッ!!
チビスケ
…#
女のくせに!!
怪力〜〜!!
もじゃデブ
バカ怪力女〜〜
よわっ!!
うるせー
男のくせに
チビチビ
ネチネチ
よわ男〜〜
バンッ!!
イタッ#

思いやりって、なあに？

人の気もちをかんがえて行動することだよ

相手が「いやだ」と思うことを、言ったり、やったりすることは「いじめ」っていうんだ。

きみは、ただふざけているつもりでも、相手はすごくきずついているかもしれないよ。自分の言ったことや、したことで、相手はどんな気もちになるかな？　人の気もちを思いやることこそ、じつはとっても大切なんだよ。

たとえば、外見をわるく言ったり、水着ゾーン（口、むね、おしり、性器）を見ようとしたり、さわろうとしたりするのも、ぜったいにやってはいけないこと。

もし、そんなことをされたら、お母さんやお父さん、学校の先生にそうだんしてね。

相手(あいて)の気(き)もちをかんがえることが、
とっても大切(たいせつ)だよ。

人をすきになるってどういうこと？

いろいろな「すき」っていう気もちがあるよ

人をすきになるって、相手のいいところや、自分とちがうところに気づいたり、だれかにあこがれたりすること。

「わたしは、○○くんの、ものしりなところがすき」「ぼくは、○○くんのサッカーが上手なところがすき」など、自分とはちがう性別の人をすきになることもあれば、自分と同じ性別の人をすきになることもあるよ。「すき」っていう気もちには、たくさんの形があるんだね。

どんな形でも、人をすきになるって、とってもステキなことだよ。

「すき」にはいろんな気(き)もちがあるよ。
あなたの「すき」をさがしてみよう!

こころの話

「男の子」「女の子」と言われてへんな気分になったら？

あなたの気もちを大事にしてね

「男の子だから、青いかばんにしなさい」「女の子だから、かわいいふくを着ようね」。そう言われて、へんな気分になるのは、おかしなことではないよ。

「男の子」「女の子」という性別にかんけいなく、自分のすきなものや、自分が感じた気もちを大切にしてね。

「男の子」「女の子」だからではなく、
自分の気もちが大切だよ。
だれをすきになっても、どんなふくを着ても、
きみは最高にステキなんだから。

あそび3 きみの精子をさがせ!

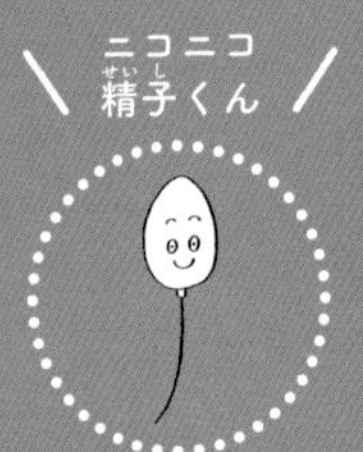

この中に、ニコニコ精子くんがひとつだけまじっているよ。さがしてみよう!

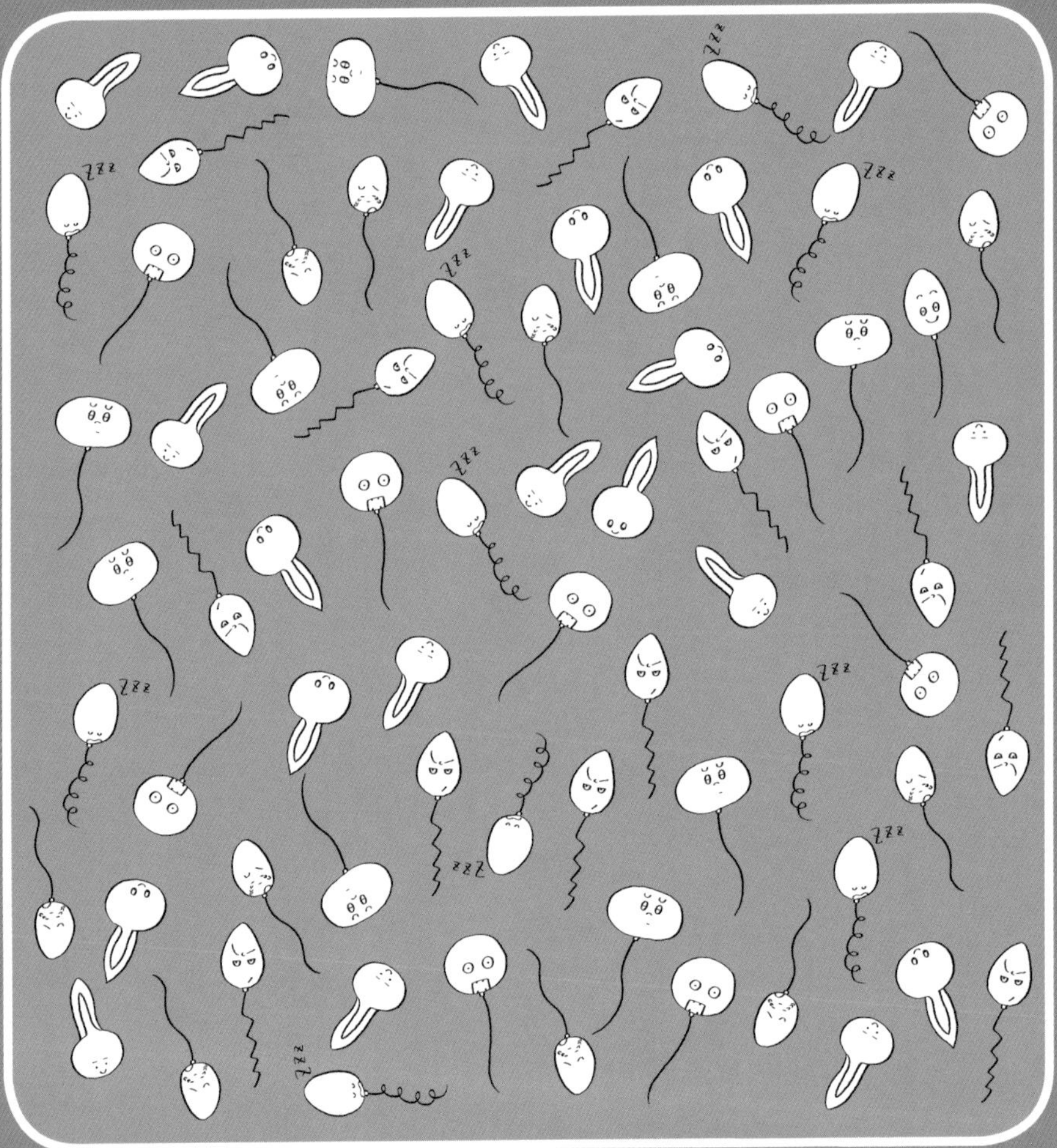

こたえは112ページ

のじま流
おうちの方へのアドバイス ⑩

これからの時代を生きる子どもたちに伝えたいこと

みなさんは、「LGBT」という言葉をご存知ですか？　LGBTとは、L：レズビアン（女性同性愛者）、G：ゲイ（男性同性愛者）、B：バイセクシャル（両性愛者）、T：トランスジェンダー（出生時に診断された性と自認する性の不一致）のこと。その数は今では10人に1人ともいわれています。また、この4つに当てはまらない人もいて、世界中で性の多様性が認められています。

未来を担う子どもたちは、多様な人と共に生きる意識をもつことが大切です。そのためには、まず親世代が考え方をかえましょう！「男の子だから」「女の子だから」と子どもに固定観念を押しつけていませんか？

グローバル化が進む社会のなか、凝り固まった考えで苦労するのは子どもたちです。性別にとらわれず自分の気持ちを大切にすること、そして人を好きになる気持ちに区別はないことを親世代の私たちが受け止めて理解し、子どもに伝えましょう。

子どもがLGBTの場合、一番悩むのは親へのカミングアウトです。LGBTであることは誰のせいでもなく、もって生まれた子どもの個性なのです。

性の多様性を受け入れて、どんな人にも優しくできるかどうかは、お母さん、お父さんの言葉かけ次第。お互いの個性を認め合えるように、性教育を行っていきましょう！

おわりに

きみは自分のどんなところがすきですか？

この本は、きみが自分のことをもっともっとすきになるように、きみが知りたいことや、きみに知っておいてもらいたいことをまとめました。


もしかしたら、「えっ？」ってびっくりすることもあったかもしれないね。

体ってふしぎで、生きるってすごいことなんだな～と、感じてもらえたらうれしいです。


みんな一人一人がすばらしい存在で、みんながだれかに必要とされていて、どんなきみでも、だれかの「大切な」人です。

人は一人では生きていけません。みんながいっしょうけんめいに生きています。

自分のことも、お友だちのことも、すきな人のことも、大切にできる人になってくださいね。

大人のかいだんをのぼっていくと、「なやみ」や「はじめて」が、もっといっぱい出てくることもあるでしょう。だけど、ちょっとだけ先に生まれた、大人のわたしから一言アドバイス。

大人になるって、最高に楽しいことなんだよ！

あなたがステキな人とたくさん出会って、毎日わらってすごせることを、心からねがっています。

生まれてきてくれて、本当にありがとう。

のじま なみ

こたえ

P64

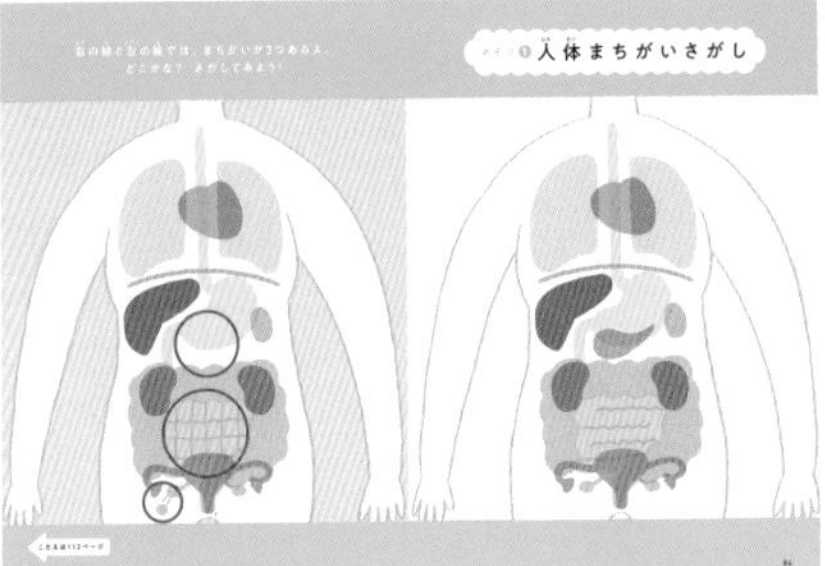

P96

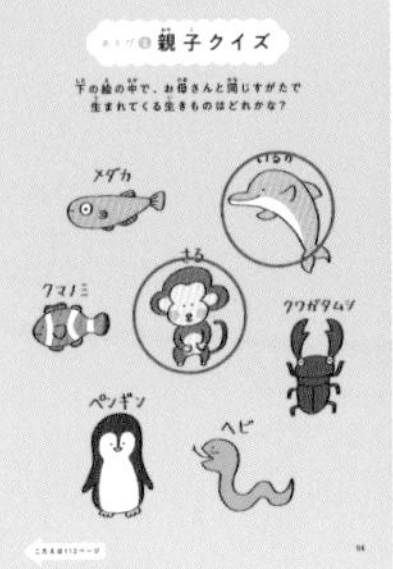

P108

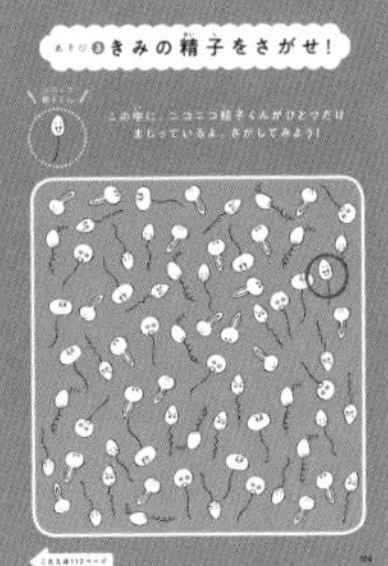

【著】 のじま なみ

性教育アドバイザー。元「とにかく明るい性教育【パンツの教室】協会」代表理事。防衛医科大学校高等看護学院卒業後、看護師として泌尿器科に勤務。夫と3人の娘の5人家族。「子どもたちが危険な性の情報に簡単にアクセスできる世界にいること」に危機感を抱き、2016年に「とにかく明るい性教育【パンツの教室】アカデミー」を設立。国内外4000名のお母さんたちに、家庭でできる楽しい性教育を伝える。2018年、「とにかく明るい性教育【パンツの教室】協会」設立。2020年1月現在、インストラクターは海外ふくめ200名。メルマガ読者は14000名を超える。テレビをはじめ、新聞、雑誌など、国内外のメディアから多数の取材を受ける。また、幼稚園、保育園、小学校、中学校、行政、企業などから要請を受け、全国で年間70回以上講演。著書に『お母さん! 学校では防犯もSEXも避妊も教えてくれませんよ!』(辰巳出版)、『男子は、みんな宇宙人! 世界一わかりやすい男の子の性教育』(日本能率協会マネジメントセンター)がある。

＊「水着ゾーン」は株式会社Terakoya Kidsの登録商標です。

装画・本文イラスト　林ユミ
装丁　坂川朱音
本文デザイン　坂川朱音+田中斐子(朱猫堂)
DTP　株式会社ローヤル企画
編集協力　籔智子

赤ちゃんはどこからくるの?
親子で学ぶはじめての性教育

2020年 2月20日　第 1 刷発行
2024年12月15日　第28刷発行

著　者　のじま なみ
発行人　見城 徹
編集人　中村晃一
編集者　丸山祥子
発行所　株式会社 幻冬舎 GENTOSHA
〒151-0051 東京都渋谷区千駄ヶ谷4-9-7
電話 03(5411)6215(編集)
03(5411)6222(営業)
印刷・製本所　錦明印刷株式会社
検印廃止

ISBN 978-4-344-99277-1　C8037

ホームページアドレス　https://www.gentosha-edu.co.jp/
この本に関するご意見・ご感想は、
下記アンケートフォームからお寄せください。
https://www.gentosha.co.jp/e/edu/